爱彼迎传

[美]利·加拉格尔（Leigh Gallagher）著 唐昉 林星宇 译

The Airbnb Story

How Three Ordinary Guys Disrupted an Industry,
Made Billions and
Created Plenty of Controversy

中信出版集团 | 北京

图书在版编目（CIP）数据

爱彼迎传 /（美）利·加拉格尔著；唐昉，林星宇
译.-- 北京：中信出版社，2019.6（2019.7重印）
　书名原文 : The Airbnb Story
　ISBN 978-7-5086-9215-9

　Ⅰ. ①爱… Ⅱ. ①利… ②唐… ③林… Ⅲ. ①电子商
务—商业经营—经验—美国 Ⅳ. ① F737.124.6

　中国版本图书馆 CIP 数据核字（2018）第 153580 号

The Airbnb Story: How Three Ordinary Guys Disrupted an Industry, Made Billions and Created Plenty of Controversy by Leigh Gallagher
Copyright © 2017 by Leigh Gallagher
Published by arrangement with Houghton Mifflin Harcourt Publishing Company through Bardon-Chinese Media Agency
Simplified Chinese translation copyright © 2019 by CITIC Press Corporation
ALL RIGHTS RESERVED

本书仅限中国大陆地区发行销售

爱彼迎传
著　　者：［美］利·加拉格尔
译　　者：唐昉　林星宇
出版发行：中信出版集团股份有限公司
　　　　　（北京市朝阳区惠新东街甲 4 号富盛大厦 2 座　邮编 100029）
承 印 者：北京诚信伟业印刷有限公司

开　　本：880mm×1230mm　1/32　　印　张：8.75　　字　数：150 千字
版　　次：2019 年 6 月第 1 版　　　　印　次：2019 年 7 月第 2 次印刷
京权图字：01-2018-4672　　　　　　　广告经营许可证：京朝工商广字第 8087 号
书　　号：ISBN 978-7-5086-9215-9
定　　价：69.00 元

版权所有·侵权必究
如有印刷、装订问题，本公司负责调换。
服务热线：400-600-8099
投稿邮箱：author@citicpub.com

目 录

前 言 / V

第一章　原则1：找到创造性的解决方案 / 1

充气床垫与早餐 / 9

让用户自己讲述体验的乐趣 / 11

发现需求 / 14

投资人的建议 / 17

以小博客撬动全国报道 / 23

不放弃，才会有转机 / 25

100个忠实用户好过100万普通用户 / 31

找到"天使" / 36

第二章　原则2：长期锁定产品价值 / 41

找到用户增长点 / 46

最多不超过三次点击 / 50

好产品才会有抄袭者 / 58

闪电式扩张 / 67

第三章 原则 3：降低用户的成本 / 69

独创性比商业化模式更重要 / 73
用户赞同比媒体报道更重要 / 76
寻找超级用户 / 80
以用户好评数筛选搜索结果 / 83
帮助别人获得更多收益 / 87
让产品提供安全感 / 90

第四章 原则 4：发现问题快速优化 / 97

对用户的回复一分钟也不能耽误 / 99
承认产品不完美，制定紧急反应章程 / 109
用户是产品最重要的资源 / 112
用户受到伤害，爱彼迎先赔 100 万美元 / 116
以用户视角找到解决方案 / 119

第五章 原则 5：与政府合作完善监管 / 127

寻找与反对者和解的方案 / 133
提高公司的透明度 / 137
维护用户利益，不怕任何麻烦 / 142
拉近人与人之间的距离 / 149
不惧怕挑战 / 155
在问题出现前解决它 / 157
满足用户的需求，难题就会解决 / 160

第六章　原则 6：触达新用户 / 165

把一代人培养成产品粉丝 / 178

创造七星级服务 / 189

第七章　原则 7：持续提升 / 193

向各大领域的精英求教 / 196

孵化团队内新创意 / 209

学会协作 / 215

精心打造企业文化 / 219

第八章　爱彼迎的未来 / 229

收获全社会的"热爱" / 240

后　记　让用户不仅热爱产品，更彼此热爱 / 253

致　谢 / 257

前　言

在旧金山费尔蒙酒店的大堂酒吧，我和布莱恩·切斯基相对而坐，座椅的靠背较高，天鹅绒质地，颇显贵气。

那是2015年11月初，我们在此会面，我把通过写书讲述其公司的故事的想法告诉了他。他把他的公司命名为"房屋共享"平台爱彼迎（Airbnb）[①]，我也打算以这个已家喻户晓的称谓作为书名。有些戏剧性的是，我们见面的酒店正好承办了2007年的国际设计大会。当时，旧金山市区的所有酒店住满了参会者，切斯基和他的联合创始人乔·杰比亚突发奇想，在自己位于市场南街的三居室公寓里出租充气床垫供房客住宿。

事实上，切斯基曾在这里向一位仰慕已久的设计师讲述过

[①] Airbnb是AirBed and Breakfast（Air-b-n-b）的缩写，即"充气床垫与早餐"。它是一家联系旅游人士和家有空房出租的房主的服务型网站，可以为用户提供多样的住宿信息。——译者注

这个新的商业创意，设计师认为这个创意荒唐可笑（设计师的原话是"我希望这不是你目前唯一的灵感"）。当时，他们交谈的地方距离我们现在的座位不到 10 米。这一评论虽饱含排斥与嘲笑，但未能阻止爱彼迎公司的创建。如今，切斯基主管的这家公司的估值已高达 300 亿美元，"入住房客"[①]（公司用于追踪在线订购房客的说法）交易量高达 1.4 亿次，库存房源量为 300 万套。现在，切斯基出入酒店只是为了参会发言，他曾来这家酒店参加《财富》全球论坛，该论坛是由我所任职的公司组织的全球首席执行官年会。切斯基的发言被安排在美国国防部前部长莱昂·帕内塔和摩根大通首席执行官杰米·戴蒙之间。

　　我和切斯基随后在休息室里重聚，商谈我的著书提议。我料想切斯基会欣然同意，他也确实如此，但直言不讳地提出了一些问题。他显然已斟酌一番，说道："书籍展现的往往是公司某一时期的特定形象。"我摸不透他的真实想法，于是让他再解释一下。"我今年 34 岁，"他继续说道，"我的公司才起步。我们今后的路还很长，要做的事还很多。"他的意思是一切仍会发展，认为我撰写的爱彼迎故事很快便会过时（即便读者愿意回顾过往）。他还指出，媒体报道总是滞后："大家现在所得知的爱彼迎其实是它两年前的样子。"

---

　　① "入住房客"（guest arrivals）指的是在爱彼迎平台在线订购旅程房源的人数，公司采用了和国际旅游标准一致的用语，本书后文把该数据称为"入住人次"或"房客"。

这种想法既体现了切斯基的雄心壮志，也反映出他的务实精神。他说自己会全力配合写书，也相信我会写好。我们交谈了10分钟。那是一个幸运日：前一天晚上，经过旷日持久的谈判，爱彼迎在旧金山成功驳回一项大幅度限制其经营范围的投票提议。切斯基随后要去巴黎参加爱彼迎房东大会（Airbnb Open），这是公司为"房东"举办的年会庆祝活动——这些房东把产品发布到爱彼迎平台。当我们从休息室往外走时，他兴致勃勃地向我介绍公司的庆祝方案：某天晚上，成百上千的巴黎房东将按计划向全体成员敞开房门，在这座"灯光之城"举办一系列周密策划的宴会。他激动地说道："这将是世界上规模最大的宴会。"

说完，这位34岁的亿万富翁离开了房间。

2008年，我首次听说爱彼迎这家公司，当时我负责《财富》报道商业故事的版面。我们听说两个敢想敢干的创业者在2008年美国总统竞选期间兜售印有仿奥巴马和麦凯恩头像的精装早餐麦片，称为"Obama O's"和"Cap'n McCain's"。这两人毕业于罗得岛设计学院，试图为他们始创的新公司——爱彼迎树立口碑，让房东向需要住宿的旅行者出租卧室。虽然这个商业创意并不新鲜，但是麦片噱头着实大胆，受到全民关注，因此我们在《财富》上专门撰文报道此事。当时，我觉得这家公司不过是昙花一现。

但是接下来的一两年里，这家公司名声大震，跻身于我们杂志社科技报道对象行列,甚至公司内部有人提出应该密切关注其动态。我想还是再等等吧,他们不还是年轻小伙吗?当时,我并不负责《财富》杂志的科技版面,也就不清楚硅谷那些企业的情况。但我认为,我能和硅谷高涨的自负情绪保持距离,做到不偏不倚。我负责《财富》"40岁以下40名商界精英"的排行榜,对有些公司宣称只需一年便能改变世界的高谈阔论已习以为常,很多夸夸其谈的公司第二年就萎靡不振。有时我会因能看出某些想法华而不实、过度炒作而略感欣喜,我认为这家新公司也不例外。

我的脑海里浮现出提供房屋租赁在线服务的其他公司的名字:**HomeAway.com**,**VRBO.com**,**Couchsurfing.com**,**Bedand-Breakfast.com**。我试图厘清这家新公司有何不同,这些科技新公司究竟如何运作。我记得曾向一位同事发牢骚,这些公司的创意不过是老生常谈,却用徒有其表、设计精美的网站包装粉饰,彰显极简主义风格,以新外壳重新投放市场。

但这家公司力求与众不同,坚信短期内便会立竿见影。果不其然,爱彼迎不久就功成名就。你原本只想求租房屋过夜,可人们已经开始上线推出一些离奇古怪的住宿地:树屋、船屋、城堡以及圆锥形帐篷。千禧一代尤其追捧这种新的旅行理念,价格公道,惊险刺激。你住在当地人的家里,摒弃传统的旅行模式,和志同道合的人交往,而且费用比入住酒店便宜得多。上传房源和在线预订渐渐备受推崇。早在2011年,爱彼迎就从投资人那里筹募到高达 1.12 亿美元的资金，投资者认为它的估值超过 10 亿美元，其平台住宿交易量已达 100 万人次。接下来的几年里，公司轻而易举地突破了这些数据：100 万次的在线预订量迅猛增长到 500 万人次、1000 万人次、5000 万人次，2016 年底"入住房客"已达到 1.5 亿人次——其中的 7000 万人次交易量是近一年产生的。公司的估值随之攀升至 100 亿美元、250 亿美元甚至 300 亿美元。然而公司仍然不太关注房地产市场，也不愿参与其中。分析家预测爱彼迎今后还会发展壮大。

如果不了解爱彼迎的始创缘由，就很难理解其发展速度。这家公司的创立部分源于经济因素：当时美国正处于经济萧条时期，爱彼迎的经营模式让人们能从出租房产中赚钱，也能更经济实惠地旅行一趟。第一批客户是千禧一代，由于人口膨胀，他们主要租用公寓，但奇怪的是，美国房东的平均年龄为 43 岁。近年来，人们的收入增长放缓，市区房价节节攀升，人人都想通过爱彼迎这一渠道从房产中获取收入，即便他们并不拥有产权。2015 年，美国房东收取的年平均租金为 6000 美元，许多人赚的租金更多。由于价格便宜以及别具一格的旅行经历，爱彼迎颇受旅行者欢迎。有研究显示，许多人虽然仍未使用爱彼迎，但只要他们尝试一次，就会经常上线访问。

爱彼迎不仅价格低廉、房源充足，还注重其他方面的体验，着力推出独具特色的服务。爱彼迎虽然算不上完美，但是满足了人们对这种旅游体验日益强烈的渴望——他们想要更独特的"个性化"服务,而不想入住常规的酒店。这种体验让人们有机会接触千差万别的街区风貌,而不是驻足于传统旅游景点,因此人们会感到更接地气,这也是爱彼迎大力宣传的产品优势。千禧一代特别看重这些元素,他们对传统理念越发不满,酷爱冒险。他们对仅用数据进行交流的方式习以为常,愿意冒险去网友的家过另一种生活,大多数人会因这种体验而心动。

此外,入住他人房屋的这种机会还满足了一个更大的需求,即渴望体验到更多的人际交流。无论是入住爱彼迎推出的房源,还是在你家招待房客,都是一种非常亲密的交流。即便房东不在家,他们也会为你的到来做精心的准备。也许你怀着忐忑的心情来到陌生的城市角落,走进别人的私密空间,但你会隐约感到自己和别人很亲近。如果房东在家,这些感受会更强烈(爱彼迎早期的口号"充满人情味的旅途"一直沿用至今)。

当然,问题在所难免。但是这些问题不会(至少大多数时候如此)让我们陷入信任危机。如今的问题在于人们与社会日趋脱节,太多的人习惯于独处,花大把的时间待在车里,宅在郊区的家里,埋头于工作中,或戴着耳机低头闲逛。

爱彼迎由此提出一个理念,叫作"四海为家",这是公司一直倡导的使命。公司平台提供一种被称为"四海为家,全新旅程"的"革新"体验。爱彼迎过于夸张的理想主义精神很容易遭到质疑,但其提供的体验确实帮助我们找到了一些因彼此日益疏远而丢失的东西。入住别人为你准备的独特且真实的房间——有时房东甚至是一家物业管理公司，爱彼迎近来招募的这类公司越来越多，尤其在传统度假胜地——将触及我们也许还未意识到已渐渐缺失的某种情感。

当然，并非所有人都对此表示赞同，爱彼迎的发展也遭遇到一些困境。在世界各地的许多城市，爱彼迎的基本业务活动（个人短期内将自己的部分或所有房产出租给他人）是非法的。虽然各国和各大城市的法律存在差异，但随着公司不断壮大，越来越多的反对者开始使用相关法律条款对这种服务予以限制。这场纷争让一些人聚集起来组建了一个松散的联盟，其成员来自自由派政治家、房地产集团、工会组织和酒店业。在他们面前说起爱彼迎，就如同触及了地雷。与此同时，爱彼迎使得大批暂住者突然涌现，许多城市的公寓楼联盟和居民对此提出抗议，这些暂住者引发了邻里纠纷。此外，反对者们声称爱彼迎平台上满是职业房地产商，这些机构把房源囤积起来，仅用于租赁。他们认为这会导致市场上房源不足，使多数地方出现的廉价房产危机进一步恶化。在纽约和旧金山等城市，反对者们寻求制定法律以限制爱彼迎的业务。爱彼迎越兴盛，反对的呼声也就越响亮、越强烈。

爱彼迎还因安排陌生人合住而引发一些始料未及的问题，比如抢劫、袭击以及因房东的过失导致的触目惊心的悲剧。近年来，公司不得不面对网站平台的另一大问题：种族歧视和其他歧视。

出现这些情况，不足为奇。你搭建了公众相互交流的公开市场，自然会出现各种社会问题。尽管爱彼迎相信人性本善，想借助陌生人的善意树立品牌，但并非所有人都心怀善意。

这些骇人听闻的新闻标题满足了一些人大惊小怪的心理，他们对爱彼迎的了解只来源于新闻报道。获知我要为这家公司写书的一位人士警告我说："你最好在它走下坡路前写完这本书。"当歧视问题饱受争议时，我收到父亲的一封邮件："我希望你没能及时回复我的邮件的原因是你正在收听美国国家公共电台（NPR）播放的爱彼迎歧视黑人的事件。"（爱彼迎并不歧视任何人，只是其平台上的一些房东有歧视观念，但公司只是眼睁睁地看着事态恶化而无能为力，许多人认为这一点应受指责。）

与此同时，爱彼迎平台的使用量迅猛增长，使用人群远远不只千禧一代，近来还包括第二次世界大战后生育高峰期出生的人、年长的人以及其他各类人物，诸如格温妮丝·帕特洛和碧昂丝等名人。一些早期的用户曾自诩是引领社会潮流的先驱，如今也认为使用爱彼迎平台已演变为"主流"。

不管是否认同，爱彼迎已经迎合了我们的喜好，成为一种时代思潮。《周六夜现场》栏目的点睛妙语里提到过爱彼迎，美国家庭票房有线电视台（HBO）热播的喜剧《硅谷》里也将它写入情节主线，爱彼迎甚至还成为电视智力竞赛节目《危险边缘》所提问题的答案。也许不久后还会拍摄一部浪漫喜剧，讲述因爱彼迎房东身份张冠李戴引发的闹剧。一些企业利用该平台巧妙地提升了其品牌价值：2016年新版《忍者神龟》电影上映前几周，爱彼迎平台上就推出了神龟"巢穴"的房源——制片方尼克罗顿国际儿童频道以及派拉蒙影视公司把地处曼哈顿翠贝卡街区的一套公寓改装成神龟主题房间。爱彼迎提供了展现个人创意的场所：2016年初，一场特大暴风雪席卷了美国东北部，一位住在布鲁克林区胆大又时尚的人士修建了"精品冬季冰屋双人间"，并将房源上传到爱彼迎平台（他描述道，"这个雪景中最令人心动的度假地设计精巧、匠心独运、别具一格"）。爱彼迎因该房源不符合标准规范而将其移出平台，但奖励房东50美元的创意礼券。

　　爱彼迎秉承的基本理念并不新颖，切斯基经常提到最初唯一告知他爱彼迎创意还不错的人是他的祖父。祖父知晓他的想法后，点着头说："哦，当然可以，我们过去就是这样旅行的。"

　　的确如此，不管是房客、付费寄宿者，还是以劳动换取食宿的留学生等，多数人都会告诉你：早在爱彼迎甚至互联网出现之前，人们就采用了"房屋共享"的模式。历史上许多名人在他们生活的那个时代就相当于今天的爱彼迎用户。1963年10月初到11月22日，李·哈维·奥斯瓦尔德居住在达拉斯橡树崖的一个房间里，每周支付8美元（这座房屋已成为可供参观的博物馆）。四季连锁酒店创始人兼董事长伊萨多·夏普回忆道，他在多伦多的犹太贫民区长大，父母留宿房客让他头一次懂得什么是热情款待。沃伦·巴菲特也说，多年来，他经常在家里招待需要住宿的旅行者，包括当时竞选总统的乔治·麦戈文。维基百科的网页上有关于"房屋共享"概念的介绍，却没有提及爱彼迎。

我的丈夫在纽约市由其单身母亲抚养长大，经常会有各种寄宿者住在家里的一个空房间里。几十年后，他也这样做，把自己在布鲁克林区的三层楼房出租给两位学生或者更多的人，租期以学期计算。我很快就结识了房客卢西恩，他是来自荷兰的信息技术专家，住在楼下的房间。还有一位名叫阿里亚纳的房客，他是一位来自法国的电影系学生，住在楼上的空房。冰箱里存放着他们共同分享的食物，卫生间里弥漫着欧洲人的洗漱用品的古怪气味。我的丈夫说，这些空余房间本来可作为办公室，但他真心想和这些留学生住在一起，谈笑风生，开阔视野。

诚然，虽然短期度假租房几十年前就已流行，但如今越发时尚，比如短租市场上有 HomeAway 或 VRBO 之类的大企业，BedandBreakfast.com 这样的针对特定群体的网站，以及克雷格网站先前制作的宣传广告或者分类广告。阿伦·桑德拉拉贾是纽约大学的教授，著有《共享经济：雇佣时代的终结和群体资本主义的兴起》(The Sharing Economy: The End of Employment and the Rise of Crowd-Based Capitalism) 一书，他曾评论道："共享经济的鲜明特色在于，这些思想本身并不是新近才提出的。"

具体而言，爱彼迎排除障碍，搭建起便捷友善的平台，欢迎人人参与，这才是新的元素。和先前的网站不同，爱彼迎的房源图片经过精心设计，展现出房东的个性特征。公司还提供个人专业拍摄服务，确保室内空间华美诱人。此外，在线搜索、信息发送以及支付方式都自成体系、严密周到，不会引起纠纷（许多人认为爱彼迎不是科技型企业,因为它主要从事房产信息交易,实际上,它拥有硅谷最先进的后台工程技术基础设施)。公司运用一系列手段强化相互信任,比如必须向提供住宿的客户付款后才能进行双方互评,以及使用身份识别验证系统。爱彼迎独树一帜的特点在于把业务定位于大都市,这一点却少有人探讨。大多数房屋租赁公司的业务重心是二手房、传统度假或休闲胜地的房源。尽管爱彼迎也在平台上推出树屋和船屋,但其多数房源是单间公寓、一室一厅和两室一厅公寓,这对众多旅行者颇具吸引力,也对酒店业构成了威胁。爱彼迎鼓励普通大众利用现有空间获利,即便你拥有的只是一个租来的单间公寓,也会给房客和旅行者带来全新的体验。这迎合了千禧一代酷爱的在大都市便捷生活的需求。在线平台企业按规模划分,一旦发展到一定阶段,其市场主导地位就很难动摇。

爱彼迎不仅颠覆了酒店业、旅游业、空间利用理念以及信任关系,还革新了传统管理理论。公司有一个独一无二的特点,即初创时期公司创始人完全没有经营经验,而且切斯基、杰比亚和柏思齐(即内森·布莱卡斯亚克,公司成立一周后,他接受了切斯基和杰比亚的邀请,成为第三位创始人,主要负责技术)必须在短时间内学会管理。不久,爱彼迎公司发展壮大,市场定位和目标日趋成熟完善。当然,它也遭遇了一些困境。先前那些公司一旦发展到这种规模,创始人便会散伙,或者由"职业"管理团队接手,但爱彼迎有所不同,三位创始人仍然精诚合作,共同执掌这艘亲手建造的宇宙飞船。

现年 36 岁的首席执行官切斯基对公司的发展感触最多。他当时完全是外行，不仅不懂经商，也不精通开发网站的专业技术，但他迅速成长，从对天使投资人和幻灯片演示一无所知，到今天掌管着一家市值 300 亿美元的公司，员工超过 2500 名。

虽然切斯基的名声最为显赫，但爱彼迎的发展离不开三位创始人的共同努力。36 岁的杰比亚是一名设计达人，敢于锐意创新，童年时就显露出经商天赋。34 岁的柏思齐是极具天赋的工程师，高中时代就着手开发软件，并在网上售卖，赚得 100 万美元；他单枪匹马搭建了爱彼迎的核心系统和基础设施，成就了公司的辉煌。这三人各有所长，个性鲜明，切斯基成长为公司的首席执行官，杰比亚和柏思齐近年来各自选择发展方向，成为能发挥特长的管理者。

当本书即将付印时，爱彼迎正准备发布一项重大声明，切斯基许诺这是年轻的爱彼迎的成长史中至关重要的一步，标志着它将彻底重新定位：不再止步于住宿领域，而是雄心勃勃地跨入"新的旅程"，推出一系列新产品、措施和体验。爱彼迎不再仅仅局限于在线预订住宿业务，而是计划升级为推广独具地方特色活动的平台，比如在肯尼亚和马拉松选手一起训练，或者在居住城市和志趣相投的爱好者一起修剪盆栽。公司要拓展酒店预订和地面运输业务，不久后还会推出机票预订服务。对于一家起步不久，尤其是公司的核心业务收入几乎年年翻一番的公司来说，这是一个大胆的举措、一条全新的庞大业务线。

的确，爱彼迎发展神速，本书出版之后它还会发生更多的显著变化。直到快要介绍完本书时，我才逐渐明白我俩在费尔蒙酒店见面那天切斯基那番话的含意。后来我对这些新兴企业所付出的努力有了更深入的了解，便和切斯基开玩笑说爱彼迎提供住宿信息的普通业务将要"过时"了。他严肃地看着我，指着刚才给我看的幻灯片说："我希望不久后这里记录的是'旧日的'爱彼迎。"

对于这三位创始人而言，创建和发展爱彼迎并非一帆风顺，一路上他们颠簸前行。阻碍会越来越多：法律纷争仍未结束，负面故事和恶性事件日益增多。随着新业务的拓展，以及公司准备公开上市，三位创始人在未来会面临一些巨大的考验。迄今为止，爱彼迎秉承其"宗旨"的同时实现了业务增长，在前进的过程中维持了微妙的平衡，原因主要在于它对投资者的明智选择，即仅挑选那些远景规划与其一致的投资者。但是一旦公司在公开市场亮相，它将不得不兼顾各方面：既要坚持最初的目标，又要应对来自大型机构的投资者的压力，它无法自主选择投资者。

无论如何，爱彼迎已经产生了巨大且持久的影响，公司的飞速发展刷新了纪录，掌管市值300亿美元企业的成效颠覆了关于管理者的观念。爱彼迎改变了我们的空间利用理念、对待陌生人的态度、旅游方式，开拓了"另类住宿"的新市场，这类住宿让许多时尚达人和大型酒店颇感兴趣。目前，爱彼迎公司正打算转变我们体验异国风情和居家生活的方式。它已经尽其所能克服各种困难,尽管许多人对其模式仍不赞同。行业中也有一些资金雄厚的公司支持传统模式,极力打击爱彼迎的发展,认为这三个家伙经验不足、古灵精怪。切斯基、杰比亚和柏思齐的创业故事生动感人,也能鼓舞勇于创新的人,即便人们认为其想法行不通。

这就是他们的故事。

第一章

原则 1：找到创造性的解决方案

> 我有些话想对你说，有朝一日我们会创办一家公司，外界也将著书讲述它的故事。
>
> ——乔·杰比亚

爱彼迎公司的发迹故事已在硅谷内外传为佳话：2007 年 10 月，旧金山一套三居室的公寓里住着两位失业的艺术学院毕业生，他们正为房租而焦头烂额。恰逢那里举办一场国际设计大会，周边的酒店早已客满为患，于是他俩突发奇想，决定在家出租充气床垫供房客住宿，赚钱交房租。这个故事在圈内颇具传奇色彩，跟先前那些创业故事一样有口皆碑：耐克公司的创始人比尔·鲍尔曼将液态聚氨酯倒入妻子的华夫饼烤模，由此耐克华夫底跑鞋诞生了；惠普公司的两位创始人比尔·休利特和戴维·帕卡德在帕卡德的车库里制造出音频振荡器，这个车库也因此闻名遐迩。

其实，爱彼迎的故事由来已久，始于 2004 年夏天罗得岛设计学院的一间工作室，该设计学院位于距离旧金山 4800 千米的罗得岛州首府普罗维登斯。布莱恩·切斯基和乔·杰比亚是罗得岛设计学院的学生，杰比亚在此攻读五年制的工业设计和平面设计双学位，当时正上大四，而切斯基刚刚毕业。他俩参与了该校与美国 Conair 公司合作的研究项目，这家公司主营吹风机和个人护理产品。众多公司都与罗得岛设计学院展开合作，招聘工业设计专业的学生。按照这项合作计划，Conair 公司与学院确定合作关系，由校方安排一些学生用六周时间专门为公司设计产品。大部分项目工作在校内完成，但 Conair 公司拥有产品的所有权，学生可获取实际工作经验和薪水。在项目结束时，学生将向公司高管陈述其产品创意。

学生们每两人组队合作，切斯基和杰比亚便成了搭档。他俩相识已久，因共同的体育爱好而结缘。切斯基负责组织校冰球队，杰比亚则着手组建篮球队。要说体育运动在罗得岛设计学院的学生中无足轻重的话，那么就低估了其影响力。为提升球队形象，他们协作策划了一项雄心勃勃的营销计划：筹集资金、安排日程、设计队服，甚至炮制出一些噱头——肆无忌惮地讲一些粗俗低级的笑话——让球队显得桀骜不驯。结果大获成功。罗得岛设计学院的体育赛事在学生中颇受追捧，甚至还吸引了邻近的布朗大学的学生以及该市时任市长巴迪·钱奇。这位市长答应担任冰球队的"荣誉教练"，虽说他的经历不太光彩。后来在接受

《快公司》杂志采访时，杰比亚回忆道："如何激发艺术学院学生参与周五晚上的体育赛事的积极性呢？我觉得这算是最棘手的一个营销挑战。"

尽管切斯基和杰比亚喜欢花样百出，但Conair公司的实习项目是他们的首度合作。Conair公司在康涅狄格州的斯坦福德设有办事处，实习团队要每周乘车前往那里一次，向公司的营销团队汇报进展情况，随后返回学校工作室继续设计工作。切斯基和杰比亚力图创新，常常在工作室通宵工作。他们驰骋想象，天马行空，最后在陈述设计创意阶段才意识到他们的想法有多么不可思议。其他团队均展示了别具一格的吹风机设计方案，他俩却向公司提出了另一番设计构想——生产推销即开即用的产品，比如含有肥皂成分的衬衫，便于清洗。"只看他们的面部表情，就知道他们对这一构想大感意外。"杰比亚谈及Conair公司高管时感叹道。负责该项目的营销经理打趣切斯基喝了太多的咖啡，冒出一些稀奇古怪的念头。切斯基却径直答道："我压根就没喝咖啡。"对于他俩而言，项目创意与吹风机完全无关，而是集思广益时闪现的灵感。"我们不断拓展彼此的创意。"切斯基说道，"我和乔聚在一起，常常思如泉涌，源源不断。"杰比亚也深有同感："我觉得，布莱恩和我同处一室，共谋发展，我们能干出一番不平凡的事业。"

杰比亚早已心中有数。项目结束前一个月迎来了切斯基的毕业典礼。这场典礼令他毕生难忘：切斯基被选为毕业生代表上台发言，伴随着迈克尔·杰克逊的经典歌曲《比利·金》，他一边跳舞一边走向演讲台。他扯下长袍，露出白色夹克，模仿杰克逊的风格，在人群面前有节奏地前后摇摆，随后登台演讲。几天后，杰比亚邀请其挚友兼知己切斯基外出吃比萨。他们共度的校园时光即将结束，杰比亚只想将心里话一吐为快。"我有些话想对你说，"他说道，"有朝一日我们会创办一家公司，外界也将著书讲述它的故事。"

切斯基懂得这份深情厚谊（"他看着我，一笑置之。"杰比亚回忆道）。尽管后来他们称那一刻为"卡萨布兰卡时刻"，但切斯基知道生活仍将继续，他得找一份体面的工作。毕竟，人生不就是这样的吗？切斯基从小在纽约州北部长大，父母都是社会福利工作者，他们辛勤工作，让子女们能随性追求自己的志趣。他的母亲德布目前是伦斯勒理工学院的筹资人，父亲鲍勃在纽约州工作了40年，于2015年退休。他们非常支持儿子的艺术爱好，切斯基的高中美术老师曾预言他将来会成为一个著名的艺术家。得知罗得岛设计学院录取了切斯基，父母欣喜若狂，却又不免对艺术专业的就业前景忧心忡忡。（德布·切斯基说："当时我们担心他会成为落魄潦倒的艺人。"）为了不让父母失望，在罗得岛设计学院学习期间，切斯基调换了专业，由插图设计转学工业设计，因为后者的就业前景更为广阔。切斯基和杰比亚就此分别，虽然随后曾因Conair公司的项目又短暂重逢，但切斯基最终去了洛杉矶，从事工业设计，开始了新生活。

切斯基临行前，父母为他购置了一套西服和一辆本田思域汽车。经过精心安排，他着陆时，汽车便会送达机场。（由德布·切斯基统筹安排物流运输，儿子在梅西百货的更衣室里试穿西服时，她便打电话通知汽车经销商敲定送货事宜。她告诉经销商，她正为刚搬到好莱坞的儿子买车。"那人问，'他不是去当演员的，是吗？'我当时好像回答：'不是，但也好不到哪儿去，他是去当设计师的'。"）

在洛杉矶，切斯基曾和罗得岛设计学院的一些校友住在一起，为3DID[①]工业设计公司工作。起初几个月，他很喜欢这份工作，为ESPN[②]和Mattel[③]这些公司设计实物产品。不过他越来越感觉这份工作不是他心之所向。他梦想成为第二个乔纳森·伊夫或者伊夫·贝哈尔。他们都是著名的设计师，曾为苹果公司、消费科技公司Jawbone等重塑产品形象，可他的日常工作却枯燥无味，大多是例行事务。他评价道："虽然这份工作也有一定的价值，但它明显与罗得岛设计学院的职业愿景相去甚远。"这所名扬四海的学府赋予他改变世界的雄心壮志：他从这里领悟到，只要有匠心独运的设计，世界上几乎所有问题都能迎刃而解。遐想

[①] 3DID是一家地处洛杉矶的产品开发和工业设计公司。——译者注

[②] ESPN（Entertainment and Sports Programming Network），即娱乐与体育节目电视网，是一个24小时专门播放体育节目的美国有线电视联播网。——译者注

[③] Mattel，译名为美泰公司，总部位于美国加州，是全球最大的玩具公司，在儿童产品的设计、生产、销售方面处于领先地位。——译者注

联翩，创意无限，方能设计出自己梦寐以求的世界，设计师的使命在于改变世界。"我来到洛杉矶，才发现自己要直面现实。"他后来坦言道，"好吧，这才是真实的世界，远非你原本构想的境况。"

切斯基对洛杉矶毫无好感，他回忆道："我要花一个半小时驱车上班，车上空空荡荡。"他觉得自己做错了选择，这让他万念俱灰。在 2013 年的一次会谈里，切斯基曾向科技记者、Pando Daily 网站创始人莎拉·莱西倾诉："我觉得自己的生活好似开车，凝视着前方的路向地平线延伸，而后视镜里的景象依然如此。这种感觉就像，我毕业后从事的工作竟然如此，与罗得岛设计学院的设想迥然不同。"

与此同时，杰比亚也完成了学业并迁往旧金山，成为 Chronicle Books 公司的平面设计师，住在市场南区劳什街的一个三居室公寓里。他也曾尝试创业，推出其毕业前设计的坐垫系列产品。艺术学院的学生得耐着性子听完冗长的作品评论，而这些坐垫以臀部进行造型设计，颇为舒适，被戏称为"CritBuns"（作品评论专用臀垫）。该坐垫系列赢得了罗得岛设计学院的知名大奖，奖品是学校为产品的开发买单，并把该坐垫作为礼物赠予毕业班的每位学员。杰比亚立即找到一家生产商和一家模具制造商，在四周内生产了 800 个坐垫，为毕业典礼做准备。第二天，他就把这当成了一项事业，建了一个公司（杰比亚在童年就表现出经商头脑和艺术天赋，在亚特兰大念小学三年级时，便以单册两美元的价格向同学们出售他亲手画的忍者神龟变形图，惹得家长们纷纷要求老师对此予以制止）。

杰比亚和切斯基常常切磋商讨，杰比亚告知切斯基 CritBuns 坐垫的创意，两人集思广益为 3DID 公司提出新的产品设计构想。杰比亚常在交流结束时，请求切斯基考虑搬往旧金山，一起创办一家公司，可切斯基总以同样的理由推辞：除非有健康保险，才会考虑搬迁。一天，切斯基工作时收到杰比亚寄来的包裹，里面装有一对刚面市的 CritBuns 坐垫。杰比亚已成功将其投入市场，并得到现代艺术设计博物馆的大订单，这曾是多少设计师追求的目标。"他真的做到了！"切斯基记得当时自己这样感叹道。杰比亚则说："这只是一次小小的成功，它提醒我：不要忘记，我们也有创造天赋。"

杰比亚的这次成功让切斯基着手考虑在旧金山寻找机会。2007 年初，他获知家庭用品公司 Method 招人，这家公司发展迅速，注重环保，其产品包装也屡获殊荣。切斯基认为这可能就是他正在寻找的机会：这是一家专注设计的公司，其价值观与他非常契合，吸引着他迁往旧金山。他在面试中发挥出色：经历了好几轮面试，完成了设计要求，并在由五位高管组成的小组前陈述其设计。每一阶段都让他越发向往进入这家公司，但最终他输给了另一位应聘者，这让他心灰意冷。

面试的过程中他往返旧金山好几次，热切地爱上了这座城市。杰比亚生活的这个圈子里，活力四射，创意无限，这种氛围让切斯基再次感受到罗得岛设计学院的精神（杰比亚已成为劳什街公寓的主要承租人，并将其打造成设计师的集体宿舍，精心挑选分摊房租并志同道合的室友）。他和杰比亚开始认真思考创办公司的计划。切斯基已辞职（为此他的父母十分懊恼），并着手规划新的人生。他受聘在长滩加州州立大学教授工业设计，并加入洛杉矶的设计团队。他仍然打算住在洛杉矶，每周去旧金山和杰比亚一起工作几天。

同年 9 月，杰比亚的两个室友因房东涨租突然搬走。杰比亚一时很难找到房客，于是劝说切斯基搬往旧金山和他共住。杰比亚住一间，切斯基无疑是另一间的最佳室友。但切斯基还是犹豫不决，他承担不起房租，每月他俩需要平摊三间房的租金，第三个室友要到 11 月才能入住。切斯基和杰比亚商量，他先往返于两地，每周三天租用杰比亚的沙发，可杰比亚认为这十分荒谬。交房租的截止日期迫在眉睫，又找不到新室友，杰比亚最后决定放弃这套公寓。那天早上他准备打电话给房东退租，切斯基却在电话里说要来入住，租一间房。

切斯基很快告别了洛杉矶的生活——与女友分手，与室友道别，搬离公寓，留下大部分物品，在周二深夜驱车前往旧金山。黑暗中他沿着海岸前行，前路漫漫，整个人也陷入了沉思。过去的工作令人郁闷，完全不像眼前这条让人期盼的空旷大路。这是一条不同的路，它通往旧金山，希望无限。

充气床垫与早餐

故事总是充满传奇色彩。切斯基刚到劳什街公寓,就从杰比亚那里听到一个坏消息:房租已经上涨到 1150 美元,且一周内付清,他们可能租不起这套公寓了,切斯基的银行账户里仅有 1000 美元。事实上,他们几周前就知道租金会上涨,还要额外分摊另一间空房的房租——切斯基还住在洛杉矶时,他俩就一直绞尽脑汁盘算如何凑齐房租。一个想法冒了出来:国际工业设计协会/美国工业设计师协会理事会(ICSID / IDSA)一年举行两次的世界大会,定于 10 月下旬在旧金山举行,届时会有几千名设计师齐聚这座城市,酒店住房将吃紧,房租也会上涨。

他们突发奇想:何不利用公寓闲置的空房为参会者提供食宿服务呢?毕竟,罗得岛设计学院赋予了他们用创造力解决问题的能力。当时,杰比亚的壁橱里恰好存有供露营活动使用的三张充气床垫。这套三居室比较宽敞,客厅、厨房以及空余的卧室都可供出租。他们的报价很低,甚至免费提供早餐,并把这则广告投放到参会者常去阅读的设计圈博客里。

这个想法酝酿了好几周,他们讨论的次数越多,越觉得这种做法有点不可思议。不过,交房租的最后期限一天天逼近,他们只能孤注一掷了,开始为宣传其出租广告的网站绘制三维线框和实物模型。切斯基入住后,他们立即雇用了一位精通网页制作的自由职业者，让他按照设计搭建一个初级网站，并将此服务命名为"充气床垫与早餐"。最终，一个完备的网站投入使用，介绍他们的服务项目（"两名设计师独辟蹊径，助力今年的 IDSA 会议"），说明申请流程，列明设施清单——以 80 美元单价出租每张充气床垫，以及一些生活设施，包括屋顶平台、"创意图书馆"、"励志海报"和 3D 打印机。一名"支持者"曾称赞道："它就像克雷格网站和沙发客网站的结合版，但更专业些。"

他们向设计圈博客和会议组织者发送电子邮件，请求宣传他们创建的网站。会议组织者认为该创意古灵精怪且趣味横生，设计圈博客也非常乐意帮助这两位同人。切斯基和杰比亚觉得无论如何都会有几个嬉皮背包客入住，总能赚够房租。几天后他俩就接到了三笔订单：卡特，一个来自波士顿的 30 来岁的设计师；迈克，一个 40 多岁的犹他州人，有 5 个孩子；阿默·瑟维，土生土长的孟买人，刚刚取得亚利桑那州立大学工业设计硕士学位。

这些客人根本不是嬉皮士，他们是经济拮据的专业设计师，而杰比亚和切斯基提供的服务正合其意。诚然，这需要他们大胆地信任杰比亚和切斯基。第一个预订的房客瑟维觉得这个想法很奇怪，但他说："我非常想来参会。"当瑟维发现这家网站时，便感到它是由志趣相投的人创建的。他评价道："你能判断出这是由设计师为设计师而设计的理念。"他以前从未听说过充气床垫，用谷歌搜索后才得以了解，随即在网站上提交了申请，准备在

"别具一格"的充气床垫上过夜，并享用早餐。但瑟维没有收到回复，只得查找杰比亚的信息，并致电洽谈。("杰比亚当时十分惊讶，"瑟维回忆道，"根本没想到居然会有人联系他们。")瑟维打算住5晚，每晚房租80美元。"这对我们双方来说都是一种尝试。"瑟维说道，"我为了参会而放手一试，他们为了凑齐房租也打算放手一试，这也算是天作之合。"

让用户自己讲述体验的乐趣

瑟维在机场落地后，按照房主提供的地铁路线，不久便到达公寓，受到杰比亚的热烈欢迎。瑟维回忆道："一个戴着飞行员帽和大框时尚眼镜的家伙开了门，当时我想，是的，眼前这人就是一个设计师。"杰比亚让他脱鞋入内，带他在屋内逛了逛，看了看入住的房间，室内配备一张充气床垫、一个枕头以及欢迎套装，里面装有地铁路线、城市地图和施舍给流浪汉的零钱。"他们真是考虑周到，"瑟维说，"他们问我，'还有什么需要我们准备的吗？'我回答道，'不，这已经相当好了'。"

瑟维放下行李，坐在客厅的沙发上，打开笔记本电脑，熟悉会议议程。杰比亚和切斯基正伏案工作，将他们的新理念制成幻灯片。瑟维俯身一瞧，看见一张介绍自己作为首位房客的幻灯片。"这太令人啼笑皆非了，"他说道，"我一来到客厅，便发现幻灯片里在介绍我。"杰比亚和切斯基接二连三地询问瑟维的意见，并邀请他参加那晚举办的宣传活动——采用一种名为PechaKucha 的动画版 PPT，设计师声情并茂地将自己的创意传达给其他同行。杰比亚和切斯基陈述完毕，现在轮到他们让自己的终端用户发言了。

公寓很快迎来了另外两位房客，卡特和瑟维共住一间，迈克则住在厨房。第二天，三位房客动身外出开会前，切斯基和杰比亚正忙前忙后，策划推广其新创意。他俩告诉会议组织者自己是博客作家，借此免费入场。混进会场后，切斯基将相机挂在脖子上，颇有几分博客作家的风采，眉飞色舞地介绍他们的新服务。瑟维说："他逢人便推销。"瑟维成了他们的活招牌。"问他便知这种服务有多棒！"切斯基边说边将瑟维推向前。瑟维讲述自己获得的入住乐趣，并证实这不仅仅是一个居住场所。"我的客户竭力支持我们！"回想过去，切斯基评价道，"他起到了惊人的推广作用。"人们都觉得这很有趣，但没有人加以重视。在费尔蒙酒店休息室茶歇期间，人群将一位著名设计师团团围住，切斯基设法挤进去和那位他素来敬仰的设计师攀谈，自我介绍后开始阐述自己的创意。可设计师似乎对此毫无兴趣，他说："布莱恩，我希望这不是你目前的唯一灵感。"这是我们第一次遇到阻碍。切斯基说："那一幕至今我仍记忆犹新，就像往我头上浇了一盆冷水。"

散会后，切斯基和杰比亚带瑟维在城区转了转，去了趟他俩钟爱的玉米卷摊点，逛了逛旧金山渡轮大厦和斯坦福的设计学院。早上他俩为房客提供橙汁和馅饼，短短几天，他们五人相处融洽。有一次迈克穿着内裤躺在厨房的充气床垫上，和切斯基悠闲地聊着天。这个周末，他们赚了1000美元。

即便如此，他们当时并未预知到这个创意会成功走红。只不过是一时的怪念头，为了凑齐房租的权宜之计，是困境之中的一根救命稻草而已，顶多让他们有更多的空闲时间去思考真正的宏伟蓝图罢了。

他们又把注意力转向集思广益创办一家真正的公司，于是邀请杰比亚以前的室友柏思齐加入。柏思齐来自波士顿，是一位天赋极高的电信工程师。他的父亲是一名电气工程师，年仅12岁的柏思齐从父亲的书架上找到了一本书，自学了代码。14岁时，柏思齐越发着迷此项工作，开始在线接一些付费业务。高中毕业前，他大概编写了价值接近100万美元的建筑和市场销售软件，这笔钱资助他完成了哈佛大学计算机科学专业的学业。2007年，柏思齐的教育创业项目失败，打算辞掉工作。那时，杰比亚刚离开编年史出版社，继续致力于他的新创意——Ecolect.net，向设计圈出售环保材料，这是继CritBuns坐垫后的第二项设计。他们三人促膝长谈，话题不断，曾构思创建一个室友配对网站，把克雷格网站与脸谱网相结合。切斯基说："也许没有人需要充气床垫和早餐这项服务，但是人们肯定需要室友。"经过四个星期的设计和改进，他们将"roommates.com"输进浏览器，发现该创意和网站早已存在，梦想顷刻间化为泡影，只得从头再来。

那年圣诞节，切斯基灰心丧气地回到纽约尼什卡纳的家中。当亲朋好友问及其职业状况时，他告诉大家自己正在创业。他的母亲却纠正道："不，你失业了。"他反驳道："不，我正在创业！""不，你就是失业了。"他的母亲再次强调。除了他的父母外，"创业者"这个词在尼什卡纳并不为大家所熟知。他的朋友往往会问起："那么你在创什么业呢？"切斯基无从回答，脑海里一遍又一遍地回想起那次"充气床垫与早餐"的经历。而此时在亚特兰大家中的杰比亚，也有相似的遭遇。他们常常谈起那次"充气床垫与早餐"的经历，随后开始扪心自问：这就是他们的创业目标吗？

发现需求

假期归来，切斯基和杰比亚跃跃欲试，打算潜心发展"充气床垫与早餐"理念。经过周密的讨论，理念日趋完善：当会议举办地周边住宿紧张时，为与会人员提供短租房源。他们深知各种会议常常使周边的酒店客满为患，寻求住房的需求也就应运而生，比如之前旧金山那三位短租房客。对于孵化该项目的地点，他们已心中有数：定在 South by Southwest（SXSW）[①] 音乐节举

[①] SXSW 是每年春天在美国得克萨斯州州府奥斯汀举办的音乐节。首届音乐节举办于 1987 年，举办时也有电影展和其他文化活动。——译者注

办地奥斯汀。众所周知，奥斯汀经常举办科技会议、音乐和电影节等。

但他俩明白必须说服柏思齐，这个团队少不了他。他们致电柏思齐，邀请他共进晚餐，说有振奋人心的消息要告诉他。晚餐期间，他俩向柏思齐详细阐明了想法。他有些犹豫不决，这项创意确实不错。与杰比亚同住的时光，他们在无数个周末和夜晚互帮互助，共同解决项目难题，从日常的点点滴滴可以看出，他们拥有共同的工作理念。他也相信他们三人能精诚合作。听完两位队友描述的美好愿景，他不禁对庞大的工作量忧虑重重。他是三人里面唯一的工程师，大部分的技术工作都会落在他的肩上。在未来的几周里，他需要开发并运营网站，以期赶上会议召开。柏思齐回忆道："我当时既表示积极支持，又提醒要小心谨慎。"觉察到柏思齐有所顾虑，切斯基和杰比亚离开了餐厅，重新商议对策。一周后，他们又开始动员柏思齐。在去见柏思齐的路上，杰比亚在电梯里突然意识到他们仍然有些好高骛远。"这会吓到他，"杰比亚摇摇头说，"我们必须缩小规模。"于是他们决定重新调整计划，改称为简化版爱彼迎，其理念更精简，特色更明晰，技术障碍更少，几周后便能正式实施。杰比亚称之为"产品宗旨不变，技术编码减半"。最终，柏思齐同意加入。自此，项目开始启动。

起初，切斯基坚持这项服务应该免费。他说："对于创办公司这件事，我有点紧张。"他们想让爱彼迎变成一项倡议活动，并且认为一切都该免费分享，这种想法颇有几分理想主义色彩。切斯基说："最初，我特别激进，认为爱彼迎应该做成一个免费网站，就像沙发客网站一样，没有金钱交易。"但杰比亚和柏思齐说服了他，最终切斯基也回心转意，"我觉得，是的，你们是对的，它应该发展成一种商业模式"。

他们将眼光瞄准了 SXSW 音乐节，让爱彼迎网站以全新的姿态出现，试图掀起一场舆论热议。（切斯基曾向其他创业者透露过这个技巧："若你的项目投入市场，却未引起任何注意，你要继续造势。只要我们一直坚持，媒体就会继续报道，直到我们招徕到客人为止。"）他们精心制作网站，宣称能解决会议期间的订房问题（网站里赫然写有"代替昂贵酒店的不二选择"），并在其他科技博客里刊登广告。但收效甚微，柏思齐说："现在还不是吸引顾客的时候。"这多少有些自我安慰，实际上，当时他们只接到了两笔订单，其中一笔还是来自切斯基本人。

切斯基的室友名叫乐天东，是一名就读于得克萨斯州立大学奥斯汀分校的博士生。他们三人把他从克雷格网站挖了过来，成为爱彼迎平台的房东。切斯基刚回家，便发现乐天东已经将卧室的充气床垫收拾整洁，还把薄荷塞入枕芯，这一幕让他记忆犹新。而乐天东却记得切斯基的大部分时间要么待在阳台，要么和别人通电话，要么陷入沉思。每天早上，乐天东都为切斯基准备一杯浓咖啡（他说，切斯基"两秒内"一饮而尽），然后驱车带他去音乐节庆典现场。切斯基一上车，便开始畅谈自己公司的宏大愿景，聊起他殷切希望能和正在会场发言的扎克伯格面谈。

尽管收入为零，SXSW 音乐节期间的产品推介还是获得了一些成效。通过亲自使用网上平台，切斯基发现了支付程序的一些缺陷。他不止一次（实际上是两次）忘记要去自动柜员机取钱，使他入住陌生人家里的两晚十分尴尬，因为房东没理由相信他确实有钱支付。乐天东觉得相处一两天后大家就是朋友了，谈钱显得有些尴尬。三位创始人意识到需要创建一个更加精细的支付系统。此外，音乐节活动结束后，他们听到一些潜在客户说要去其他地方，但不是去开会。这些人是否还会使用爱彼迎的服务呢？三位创始人认为不会了。

投资人的建议

在 SXSW 音乐节上，切斯基和杰比亚建立了重要的人脉网。他们在劳什街的第三位室友名叫菲尔·雷内瑞，就职于一家名叫 Justin.tv 的初创公司。他陪同公司的首席执行官在奥斯汀开会，这位年仅 25 岁的首席执行官名叫迈克·赛贝尔。切斯基决定多待一晚，赛贝尔便邀请他共住一间酒店客房。切斯基阐明自己的想法后，赛贝尔表示非常欣赏。赛贝尔回忆道："我当时就说，'言之有理'。"他曾用过沙发客网站，虽说当听到这个创意时，他无法预知爱彼迎会发展成为一个数百亿美元的新巨头，却丝毫没有觉得这个想法荒诞无稽。毕竟，会议期间他们自己也只能挤在狭小的酒店客房。赛贝尔说："我们找到了问题的根源。"

如今，赛贝尔已是一位著名的创业顾问，曾取得两大辉煌成就：他和联合创始人以 9.7 亿美元的价格将 Twitch（Justin.tv 重组后的名字）卖给亚马逊，还以 6000 万美元的价格将视频应用软件 Socialcam 卖给欧特克（Autodesk）。当时他 25 岁，第一次出任首席执行官，经验不足。他说："我并非别人口中的那种人。"切斯基和杰比亚是找赛贝尔咨询的头两位创始人，但那时他刚组建完 Y Combinator，这是由企业家和风险投资家保罗·格雷厄姆共同创立的著名项目，旨在促进初创公司的发展（赛贝尔现在是 Y Combinator 的首席执行官）。赛贝尔告诉他们，他会给予一些建议，而且一旦他们规划出更具体的方案，他就会将其介绍给一些天使投资人。切斯基不太明白赛贝尔的用意。（他现在回忆道："我当时想，天，这家伙居然相信天使。那地狱呢？"）赛贝尔向切斯基解释说，他指的是天使投资人，大家一起吃顿饭聊聊，也许投资人会给他一张两万美元的支票。切斯基认为那听起来更加不靠谱。"不，不，你得给他们一个方案，一个幻灯片。"赛贝尔强调。切斯基不清楚幻灯片的作用，但他觉得赛贝尔是一个值得信赖的人。

SXSW 音乐节的项目结束后，他们的网站浏览量不大，两位创始人只好回到旧金山。切斯基和杰比亚情绪低落，但他们已打定主意再试一次。当时恰逢选举年，民主党全国代表大会将于

8月在丹佛举行,他们可以再放手一搏。可柏思齐的态度有所转变,从最初的慎重、担心变为疑虑重重。他一直在策划另一个更向往的构思——为脸谱网设计社交广告网,虽说仍对爱彼迎网站感兴趣,但面对SXSW音乐节项目的情况,在切斯基和杰比亚想出更好的发展战略之前,他不会全身心地投入其中。他说:"当时杰比亚和切斯基要继续干下去,但我有点摇摆不定,我们必须先想清楚如何提升产品和成效。"因此,在接下来的几个月里,柏思齐把大部分时间花在了自己的创业项目上,切斯基和杰比亚则一直致力于完善他们的想法与产品,将每周的新进程递交给赛贝尔,由其提供反馈和建议。"赛贝尔为我们把关掌舵,"杰比亚说,"每当我们要走偏时,他就会提醒我们,'伙计们,你们在干什么?快退回来'。"二人将赛贝尔戏称为他们的"上帝创始人"。

但因为柏思齐不能全心投入,赛贝尔的许多建议无法付诸实践。切斯基和杰比亚不想让赛贝尔知道柏思齐只是兼职,因为赛贝尔已着手把他们介绍给投资人,而一旦缺少工程创始人,初创公司就会失去融资机会。赛贝尔原以为柏思齐在爱彼迎网站是全职工作,杰比亚和切斯基也以为他每天兼职几小时,但他们不敢告诉赛贝尔,事实上,柏思齐每隔几天才顶多花一小时在此项工作上。"我们后来才知道如何去核实他的工作时间,"切斯基说,"他的工作量越来越少,我们之间的联系也越来越少。"

5月,柏思齐扔下一枚重磅炸弹:他要搬回波士顿和女朋友结婚,当时她就读于医学院。"那时杰比亚和切斯基也许觉得我有点不靠谱,"柏思齐承认道,"大家感觉这个团队要散伙了。"的确如此。接下来的一个月里,切斯基和杰比亚开始寻找新的合伙人。苹果公司在旧金山莫斯康展览中心举办了一场全球开发者大会,会议期间他俩张贴了招募"共同创始人和首席技术官"的广告。柏思齐回忆道,那时这对他影响甚微,他说:"我对他们能够找到合适的人持怀疑态度,我想看到广告的人也会这么认为。我并不太担心一夜之间就会有人蹦出来接替我。"

切斯基和杰比亚坚持不懈:改进创意,从赛贝尔那里获取反馈,并与柏思齐保持电话联系。就在此期间,爱彼迎网站的新理念成形了,其内容更丰富广泛:不再聚焦于酒店客房售罄的会议期间,它将是一个预订民宿像预订酒店一样便捷的网站。本质上,这与今天的爱彼迎模式相差无几。这意味着他们必须建立一个复杂的支付系统,可以让客户在线支付完成交易。这同时意味着他们需要一个审查系统和一个功能更强大的网站。

这是一个更加雄心勃勃的愿景,也正是柏思齐想要听到的。柏思齐决定放弃其广告创意,因为他意识到那个创意不仅需要工程知识,还需要合作者,而他没有。于是他重新投入爱彼迎项目,同意在波士顿开展工作。

与此同时,切斯基和杰比亚开始与赛贝尔提及的"天使"见面——至少试了试。(此时,三人决定让切斯基出任首席执行官。切斯基回忆道:"那不算一次重要的谈话,但那时我们当中必须有人出来担任首席执行官。"这三位创始人都有各自擅长的领域,毫无疑问，切斯基是当中最有领导才能的。"我的见识不如乔和柏思齐，"他说道，"他们都曾在初创公司工作，而我没有，所以我尽力使自己颇有几分用武之地，直接过渡到创办自己的公司。"）向外寻求投资者的机会不久便泡汤了。赛贝尔给他们介绍了七位投资者，但大多数都未回复。即便有人回复，也是以各种理由表示拒绝：这不是他们的业务重心，他们在旅游项目方面运气不佳，潜在市场似乎不够大，他们手头有其他项目，他们出城了，他们没时间。他们对切斯基祝福道：

切斯基，很高兴见到你。虽然这听起来很有趣，但不是我们想要做的，不是我们的业务重心。真心祝你们好运。

不好意思，我认为从投资角度看，目前的时机不成熟……潜在的市场机会似乎不能满足我们的需求。

感谢您的来信。我今天没法接电话，因为我周四整天都不在公司。我非常欣赏你们取得的进展，但不巧的是，我前期与 ABB 公司的项目还未完成，马上手头还有其他项目……目前我无法继续投资。我最担心以下几个问题：

• 民主党全国代表大会和共和党全国代表大会结束后如何增强对客户的吸引力[①]；

[①] 早期，爱彼迎的业务发展主要是围绕旧金山的大型活动造势，趁热打铁满足活动期间用户的短租需求，而 2008 年正好是选举年。——译者注

- 技术人员的聘用；
- 投资合伙。

切斯基，我们昨天决定就此结束。

我们一直都在努力开发旅游市场，也意识到这是一个高端电子商务项目。但出于种种原因，我们并不热衷于旅游的相关行业。

切斯基和杰比亚与那些投资人的几次会面大多毫无成果。投资人认为把空房间出租给陌生人的想法非常荒诞和极度危险。切斯基和杰比亚毕业于艺术院校，这一点也让投资人心存担忧，投资人认为这两人欠缺技术基因（那时，投资者仍在寻找像谷歌公司创始人那样的人才，两位来自斯坦福大学的博士生共同创立了谷歌）。他俩在帕洛阿尔托的大学咖啡馆会见了一位投资人。这位投资人在会谈期间猛然站起来，径直离开，桌上只留下半杯奶昔。杰比亚和切斯基把这一幕拍了下来。

需要说明的是，当时公司市值150万美元，三位创始人正在寻找一个愿意花15万美元购买公司10%股份的投资人。如此看来，那时15万美元的投资今天可能价值几十亿美元。但在当时，这是一个高风险的创意，就像放射物质。切斯基说："没有人想要触碰它。"

以小博客撬动全国报道

三位创始人毫不气馁，不断完善他们的产品。在丹佛举行的民主党全国代表大会召开前，他们已巧妙地设计出加速在线支付的方法，升级了审查和运行系统，提出一个新的营销口号："居住民宿的旅行"。民主党全国代表大会引起的骚动也迅速升温：媒体大肆报道巴拉克·奥巴马被提名竞选总统的消息，人们对大会的热情日益高涨。民主党全国代表大会组织人决定改变奥巴马的总统提名演讲场所，从百事中心移到丹佛多功能体育场，该场地可容纳8万人。当地报纸向外宣传丹佛只有2.7万间酒店客房，并预测会出现大规模的住房短缺。"这种狂热对我们来说真是绝佳时机。"切斯基后来在城市土地研讨会上对一位参会者说道。他们的时机来了。

2008年8月11日，大会前几周，切斯基、杰比亚和柏思齐第三次推出了他们的网站。由于坚持不懈和不断接洽，他们获准在著名科技博客网TechCrunch上进行宣传，文章标题是"充气床垫与早餐革新住宿模式"。作者埃里克·施恩菲尔德写道："充气床垫和互联网在手，人人都能成为房东。"这篇文章赚足了眼球，引发无数人点击，导致爱彼迎网站的后台崩溃了。此时切斯基和杰比亚恰好与一位名叫麦克·梅波的天使投资人面谈。既然网站随时可在线浏览，他俩便决定不再使用幻灯片，直接向梅波展示网页。但当他们想打开网站时，才意识到网站已崩溃，而且他们压根儿就没带幻灯片。切斯基后来回忆道："我们面面相觑了大概一个小时。"梅波最后放弃了投资。

三位创始人还遇到了另一个大问题，那就是房源供应：如果没人预订房间，房东们就不会上传房源；线上房源不足，也就没人使用网站。事情进展得没那么顺利，更不用说引发任何"网络效应"，即使用量越大，价值就越高，使用的人也就越多。初期的拓展计划表明，人们要么不想出租房子，要么认为这是让他们参与某种怪诞的社会实验。

切斯基之前也许并不知道天使投资人和幻灯片这些概念，但他和盟友们很善于利用媒体，比如那年10月的第一个周末，他们深知成败与否就在于如何力争广泛的新闻报道。他们也明白政治新闻媒体迫切需要挖掘新亮点。三位创始人不走寻常路，专找当地最小型的博客，因为他们觉得博客越小，自己越能得到关注。他们在微博上发布了几个故事，由此引起了多米诺骨牌效应：一些大博客主纷纷转载小博客上的故事；当地报纸（如《丹佛邮报》）看到后也纷纷报道，进而引发了当地广播电台的电话邀约。随之国家级媒体也开始进行报道，其中包括政治新闻网站（Politico）、《纽约日报》、《纽约时报》等。

宣传策略起效了，业务接踵而至：800人注册了房源，80位顾客预订了房间。有时真是令人坐立不安。他们使用贝宝账户来处理所有付款，但贝宝发现业务量猛增，便觉得资金可疑并冻结了他们的账户。柏思齐花费数小时与地处印度的贝宝客服通话协商，而切斯基和杰比亚则想尽办法安抚愤怒的顾客，告诉他们很快会恢复付款（在周末结束前付款账户恢复了正常）。总体而言，三位创始人欢欣鼓舞。切斯基后来在壁炉边和记者莱西闲谈时说："我觉得我们好似风靡一时的甲壳虫乐队。"

但这次成功又只是昙花一现。尽管先前预订爆满、媒体大肆渲染，但大会结束后，网站访问量锐减。切斯基感叹道："要是每周这里都有政治大会的话，我们就能成为巨头。"他们又回到了原点。切斯基后来以医学行话打趣道："我们的病人流失了。"

不放弃，才会有转机

柏思齐回到了波士顿，切斯基和杰比亚则回到了旧金山的家中，他俩身无分文，负债累累，网站也无人问津。身处困境，别无选择，他们又重启民主党全国代表大会召开前的计划，即给网站上的"房东"送去免费早餐，再由房东提供给房客。毕竟，早餐是公司名称的一部分，也是经营模式的重要部分。

他们盯上了麦片——针对民主党大会，他们根据总统候选人的姓名，想出了一款名为Obama O's的麦片，随后设计出麦片盒，添加广告语："早餐在改变"和"碗里的希望"。另外还增加了叫作Cap'n McCain's的共和党版盒装，广告语为"每一口都与众不同"。一位插画家设计了包装，早期曾担任过网站主持人的广告词作家乔纳森·曼恩为两种麦片分别创作了广告曲。两种麦片都能在网站上搜索到，广告曲也非常值得一听，以下是"奥巴马口味"的广告曲：

> 天，这是 Obama O's！
> 妈妈，我可以尝一下吗？
> 有一款超酷的麦片你应当知晓，
> 人人都在谈论 Obama O's。
> 尝一口，你就会明白，
> 为什么人人都唱："是的，我们行！"
> 天，这是 Obama O's！
> 妈妈，我可以尝一下吗？

大会后两人回到厨房，杰比亚和切斯基因重新策划麦片的创意而兴奋不已。他们推算如果能生产10万袋，每袋卖两美元，就能为公司筹集资金了。切斯基甚至认为这就如同那些天使投资人为他们出资一样。那时，他们装棒球卡的卡包里装满了信用卡，每人各自欠债两万美元。柏思齐认为这有些疯狂，起初还以为这又是一场恶作剧（他俩喜欢开玩笑）。他让切斯基和杰比亚自己去做，他不加入，并让他们承诺不准在此项目上投钱。柏思齐说："我们失业快一年了，他们要去做就做吧。"

切斯基和杰比亚又回到了熟悉的模式——为了创意而奋斗。他们在伯克利找到一个开打印店的校友，他不愿意接10万个盒子的订单，不过如果他们同意给他销售分红，他可以免费各打印

500个盒子。数额的减少让二人出售经济装的初衷无法实现,只好决定修改方案,改为"限量"发售。他们给每盒麦片编号,定位为珍藏版,每盒售价40美元。

他们对旧金山的各大超市进行了地毯式的搜索,只为寻找最便宜的麦片。购物车被他们塞得满满当当,直到买够1000袋均价1美元的麦片。他们将这些麦片塞进杰比亚的红色吉普车里,载着它们回家。1000个扁平盒子,一把热胶枪,他们在厨房里干得热火朝天,亲手折好盒子,用胶封口。"就像在餐桌上做巨型折纸。"切斯基在莱西的采访中说道。他烫伤了手,心想他可不记得马克·扎克伯格用热胶枪进行过黏合,或者为创办脸谱网而组装麦片盒,甚至还烫伤过手。他想也许这不是什么好兆头。

他们封好盒子,从吸引媒体注意开始,希望通过最后一搏引起大家关注这家快要倒闭的公司。他们决定不间断地用宣传口号打动科技记者们,但这些记者通常不会把麦片放到桌上。如果记者们将麦片盒放在桌上或编辑室的书架上,其他记者就会留意到,这样他们的情况也许能好转。这个小伎俩起作用了:媒体记者们吃完麦片,盒子随之到处流散。Obama O's 三天内销售一空。人们开始在亿贝和克雷格网站转售麦片盒,售价高达350美元(Cap'n McCain's 那款麦片却无人问津)。

他们还清了债务,但最初的创业网站仍然没有顾客访问,这和麦片毫无联系。他们不知道该如何提高访问量,这是一个严肃的问题(在切斯基与母亲的一次通话中,母亲问:"等一下,你现在开的是一家麦片公司吗？"比这个问题更让人难过的是，切斯基不知如何作答）。公司核心业务带来的收益不足 5000 美元，而麦片销售却获得了两三万美元的盈利。柏思齐从一开始就对麦片计划深表怀疑，表示他已经受够了。回到波士顿后，他又干起了咨询工作，并订了婚。

实际上，切斯基和杰比亚又回到了起点，身无分文，待在他们的公寓里。一年的奔波使切斯基瘦了近 10 公斤。无钱无粮，接下来的几个月里，他们就靠干巴巴的 Cap'n McCain's 麦片过活，连牛奶都买不起。（即便在那些艰难的时日里，切斯基仍在运筹帷幄。德布·切斯基仍记得她催促儿子去买牛奶时，切斯基打趣说："我们正在经受磨炼，假以时日，一切都会好起来的。"）

2008 年 11 月的一个夜晚，当切斯基、杰比亚和赛贝尔共进晚餐时，赛贝尔建议他们申请加入 Y Combinator 融资训练营，这个建议让切斯基心有不快。Y Combinator 只关注投放市场前的创业公司，而爱彼迎公司已经正式上线——他们拥有自己的客户。TechCrunch 都已撰文报道过他们的公司。但是赛贝尔说出了他们都心知肚明的事情："瞧瞧，你们已经陷入绝境了。加入 Y Combinator 孵化团队吧。"申请日期早已截止，赛贝尔发信息给格雷厄姆，他回复说，如果他们在午夜之前递交申请书，他就会考虑此事。他们给远在波士顿的柏思齐打电话，在凌晨 1 点吵醒他，询问他们是否能将他的名字加入申请书里。他不记得自己当时表示过同意，但他的确加入了其中。

他们提交了申请，得到了面试机会，并说服柏思齐回旧金山一起参加。Y Combinator 的申请过程素来以残酷著称。面试仅 10 分钟，格雷厄姆和他的同伴不断发问，不允许进行任何个人陈述。经过几个小时的准备和模拟面试，三人决定动身参加面试。出门前，杰比亚准备将 Obama O's 和 Cap'n McCain's 麦片揣进口袋里，另外两人阻止了他。"你是不是疯了？"柏思齐问道，"把麦片留在家里！"（杰比亚说："那一刻我感到寡不敌众。"）他们挤进杰比亚的吉普车里，驱车赶往山景城，Y Combinator 的总部就在那里。

面试进行得并不顺利。几位创始人阐述了创业思路，格雷厄姆抛出的第一个问题便是："怎么会有人做这样的事情？为什么？他们有什么毛病吗？"切斯基认为格雷厄姆觉得他们对自己的市场和顾客了如指掌，但他似乎完全排斥这种创业思路（格雷厄姆和其他人指出：爱彼迎公司的创业思路是有人愿意出租多余的房间，但他们三人并未考虑过房东出租整套房子或公寓的情况）。就在他们准备收拾东西回家时，杰比亚拿出了麦片——他没有按照柏思齐说的做，而是将麦片偷偷地塞进了包里。他径直向正在和同伴交谈的格雷厄姆走去，递给他一包麦片。格雷厄姆谢过他的好意，但有几分尴尬——他以为他们特意为自己买了一些麦片，并作为别具一格的礼物送给他。眼前这几位创始人却说不是，他们亲手制作并售卖了这些麦片，这也是他们为公司筹集资金的方式。他们讲述了 Obama O's 麦片背后的故事，格雷厄姆坐下来，专心致志地听着。他惊叹道："噢！你们真是打不死的小强，你们创办的公司不会垮掉。"

他们得知如果申请通过，格雷厄姆会尽快给他们回电话。但规则相当严格：如果得到邀请，他们需要当场接受，否则格雷厄姆就会取消他们的资格，让下一个人顶上。在回旧金山的吉普车上，切斯基看见格雷厄姆的来电在手机上闪动。他按下接听键，杰比亚和柏思齐急切地旁听着。只听见格雷厄姆说了一句"我想……"，电话就断线了。他们恰好行驶在280号州际公路上，这段公路位于硅谷和旧金山之间，信号很差。"我心里在想：不要！"切斯基后来回忆道，"乔和我快要崩溃了，乔当时说，'快！快！快！'"为了获取信号，他们疯狂地在车辆中穿梭。切斯基说："我当时想，'天，我把它搞砸了'。"

直到他们开回旧金山，格雷厄姆才再次打来电话，并向他们提供了名额。切斯基佯装需要再征求一下联合创始人的意见，他捂住听筒，询问杰比亚和柏思齐是否愿意接受——他们当然同意了，别无选择。然后切斯基告诉格雷厄姆他们愿意参与。格雷厄姆后来告诉切斯基当时是麦片打动了他。他说："若能打动人们花费40美元去购买一盒价值4美元的麦片，你也能吸引人们到陌生人家里的充气床垫上休息，也许你能做到。"

进入训练营后，三位创始人获得了两万美元的启动资金。作为回报，他们需要让渡公司6%的股份。他们将从1月开始参加为期三个月的训练，并于 2009 年 1 月 6 日（周二）前去报到参加欢迎晚宴。经过切斯基的"斡旋"，柏思齐最终同意在三个月的训练中搬回旧金山劳什街的公寓。这个团队得以重聚，上天又给了他们一次机会。

100 个忠实用户好过 100 万普通用户

　　Y Combinator 于 2005 年由保罗·格雷厄姆和三位同伴一手创立，随后迅速成长为硅谷最负盛名的创业孵化器。《财富》杂志评价道："它兼备创业企业、高等学府和风险资本基金的功能。" Y Combinator 的门槛颇高，凡是由其评审为有创业前景的公司将获得 5000 美元的启动资金，每增加一位合伙人，资金就会上涨 5000 美元。除此之外，格雷厄姆及其合伙人还会给予这些创业团队宝贵的建议、人脉关系和管理协助等。Y Combinator 专业人才齐备，其校友、顾问和投资者资源极具影响力，指导者亲力亲为，内容包罗万象，包括组建公司、处理法律事务、雇用人员、制订商业计划、转让公司、调解创始人纠纷等。这是一个全能的创业平台，因其社交渠道和行事方式而闻名遐迩——吃饭聊天、倾听发言，甚至负责人手把手地贴心指导。该平台的理念是"尽如人意"，最初由 Gmail 邮箱之父保罗·布切赫特提出，他现在也是 Y Combinator 的合伙人。该理念是 Y Combinator 的一大原则，与传统的商业管理智慧截然不同。切斯基后来也说，尽管他毕业于罗得岛设计学院，但 Y Combinator 让他最终学有所成、受益匪浅。格雷厄姆本人也是硅谷的杰出人物，在如何创业方面颇有心得，写过不少文章。他精明能干，虽说有些严厉，但也不乏助人为乐的精神。

如今，Y Combinator 每一个季度都会接收 100 多家初创公司，但早在 2009 年 1 月，爱彼迎就是参与此项目的 16 家初创公司之一。当时经济严重萧条，风险资金已经枯竭。几个月前，红杉资本举行了一次会议，会上合伙人展示了一张名为"好时代已结束"的幻灯片。当年加入 Y Combinator 的所有公司只能延期或者等待更好的投资环境。但爱彼迎的创始人坐不住了，他们快走投无路了。

鉴于当时的投资条件，格雷厄姆让整个团队只关注一件事情：通过"演示日"谋求出路。这是一项每年举办两次的活动，最新一代的创业者会向投资者们陈述自己的商业规划。那场"演示日"定于 3 月举行，格雷厄姆把"获利"称为"拉面盈利"（最低盈利点），即创业者筹集到足够解决温饱的资金，哪怕只够买便宜的拉面。切斯基他们还有三个月的准备时间。

进入训练营后，切斯基、杰比亚以及柏思齐签订协议，三个月里全力以赴。他们早上 8 点起床，工作至深夜，天天如此。这一次他们都百分之百投入，谁也不会分心关注其他项目。他们还做出决定：如果期满还未获得投资，那么就各奔前程。格雷厄姆的入门讲座结束后，他们按照所学知识制作了自己的公司收入曲线表,并将它贴在浴室的镜子上,醒来时首先看一眼,晚上上床前也看一眼。他们每周还会对这个表进行更新。

要学习的内容的确浩如烟海,但他们三位尽力消化吸收所学的知识。很早以前,格雷厄姆就向他们传授了两大重要经验。首先,他询问了他们当时的用户数量,他们回答说不太多——大概100个。格雷厄姆安慰他们不用担心,拥有100个忠实用户比拥有100万个"勉强凑合"的客户要好得多。这一信条与传统硅谷箴言相悖,传统看法认为规模和增长高于一切,而一旦理解这一信条就会给人带来希望。接着,他又问起这些用户的情况:准确而言,他们身在何处?三位创始人回答说主要集中在纽约市。格雷厄姆停顿了一下,接着将他们的话重述了一遍:"也就是说,你们人在山景城,而用户却在纽约市?"他们面面相觑,然后回答说:"是的。"

"那你们还待在这里干什么?"他反问道,"到纽约去,去找你们的用户。"

随后他们联络了用户。接下来的三个月里,杰比亚和切斯基每周都会飞去纽约,步履艰难地走过深深的积雪,挨家挨户地与注册用户会面或者进行试住体验。柏思齐则留在后方编写程序代码。

切斯基和杰比亚从与用户的谈话中学到了很多东西,直接入住民宿更让他们获益良多,可以更直观地体验线上产品。他们很快便发现了两个痛点:用户的出租定价和照片拍摄问题。当时用户的拍摄技术较差，甚至在2009年仍有很多人不知道如何正确上传房屋照片。因此，许多民宿虽说实地看上去很迷人，可在网站上看起来却有点陈旧和昏暗。于是他们决定派专业摄影师前往每个出租者的家里进行免费拍摄。他们没有资金，切斯基只得从之前罗得岛设计学院的朋友那里借来一台相机并亲自上阵。可能头一天他作为首席执行官去参观房东的家，第二天却充当"摄影师"上门拍摄。

切斯基还一个人负责支付手续，从背包里拿出一本支票分类账簿，向他们拜访的房东签发个人纸质支票。杰比亚则负责客服电话，用自己的手机进行沟通。他们挨家挨户说服人们上网注册账号，举办一些见面会，随时随地向人们宣传这项全新的服务，鼓动人们靠自己的公寓赚钱。他们将每周收到的反馈告知柏思齐，逐周对网站进行改进和微调。

他们还去了华盛顿特区，在那里还有一小群用户。1月下旬，他们活学活用，齐心协力围绕另一个大事件大胆筹划，即奥巴马就职演说。他们创办了一个名为crashtheinauguration.com的网站，力图把在丹佛民主党全国代表大会期间进行媒体宣传的成功先例与锁定客户的新举措相结合。这些新办法包括挨家挨户拜访用户，举办见面会，劝说用户上传房源以及丰富社区生活。最终有700名华盛顿特区的居民上传了房源，并获得了150笔订单。

除此之外，这些经历也让他们开始重新审视以前狭隘的视角。为了满足爱彼迎的标准，房东必须出租充气床垫，即使他们有真正的床可出租（切斯基仍记得他曾向一个想要出租床位的租户建议，将充气床垫放在床上来满足租房标准）。另一个想要出去度假的音乐家询问是否可以出租整套公寓，切斯基和杰比亚拒绝了：如果房东不在家，谁来提供早餐呢？这位音乐家便是戴维·罗森布拉特，他曾任巴瑞·曼尼洛巡回演出乐队的鼓手。他的请求让三位创始人意识到他们的业务还有更广阔的市场前景。他们取消了提供早餐的要求，增加了出租整套住所的选择（切斯基在 Y Combinator 创业学校发言时，想起刚才在后台接到了罗森布拉特的电话，电话那头这位音乐家向切斯基抱怨他无法登录自己的账号）。格雷厄姆早已注意到这家公司早期模式的缺陷，借助这次机会，他建议他们从公司名中删除 AirBed，以扩大市场潜力。于是他们购买了域名 Airbanb，但它看起来太像 AirBand（空气乐队），所以他们选择了 Airbnb。

在一次去纽约的途中，他们遇见了著名的风险投资家福瑞德·威尔森，他是联合广场投资公司的联合创始人。保罗·格雷厄姆曾推测假如有投资人相中爱彼迎的潜力，那么这个人非威尔森莫属，他很早就投资过许多 Web 2.0 初创企业。但会谈结束后，威尔森却否决了该方案。尽管他和他的团队对三位创始人青睐有加，却对爱彼迎的市场潜力深表怀疑。他后来发了一条博客："我们无法理解把放在客厅地板上的充气床垫当作酒店房间的做法，因此无法达成协议。"

尽管如此，三位创始人仍是 Y Combinator 训练营的模范生，切斯基和杰比亚每周往返于两地，不断进取。为了赶上Y Combinator 的活动，他们甚至刚下飞机，就拖着行李箱直奔会场。他们三人一直软磨硬泡，请求格雷厄姆与他们见面。"即便格雷厄姆没时间和学生见面讨论，我们每周也会设法在办公时间找他谈一谈。"切斯基回忆道。"我们总是第一个到，最后一个走。我们比别人更加不惧怕丢脸，也更加勤学好问。"这是一个准确的写照，格雷厄姆赞同道："我和他们交流了很多。"他还指出，通过该项目了解了几百家初创企业后，他观察到一个有趣的模式：最成功的公司总是那些最热衷参与其中的。他说："倒不是说最成功的那些公司自认为相当不错，其实往往这些公司起初很差劲。"

随着"演示日"即将来临，三位创始人发现公司业绩有所好转——格雷厄姆称之为"起伏的希望"。预订量开始攀升，小幅升至每天 20 笔订单。和纽约用户群的登门拜访以及游击战式的市场营销初见成效，数据足以说明一切。预订量增加，收入也随之增多。几周后，他们实现了"拉面盈利"，接着完成了既定收入目标——每周 1000 美元——那是三个月以来他们贴在镜子上的赢利目标。在劳什街公寓的屋顶上，他们打开香槟庆祝这次成功。

找到"天使"

三位创始人眼下还有另一个问题亟待解决——创业资金。投资者们会顺道来造访 Y Combinator 训练营，跟格雷厄姆及其合伙人寒暄一阵并考察最近的进展情况。2009 年 4 月的一天，红杉合伙人格雷格·麦卡杜来了，红杉曾投资了谷歌、苹果、甲骨文等公司。麦卡杜和他的合伙人认为在暗淡的经济形势下进行投资是明智之举。他询问格雷厄姆，哪类创业者擅长在经济低迷时期让公司发展腾飞。格雷厄姆回答说："才思敏捷、坚忍不拔。"麦卡杜接着追问道，他现在的训练营里是否有人已展露此才华。格雷厄姆说他想推荐一个三人团队，他们别出心裁地提出了房屋短租的想法。无独有偶，麦卡杜碰巧也花了一年半的时间对假期房屋租赁业务进行深度分析，对此他了如指掌。他表示愿意见见这三个人。

麦卡杜看见切斯基、杰比亚和柏思齐三人坐在长凳上，挤着看一台笔记本电脑。他们开始交谈，麦卡杜首先引出话题，询问他们是否知道根据红杉公司的调查，假期房屋租赁行业价值 400 亿美元。切斯基如实回答道，在陈述公司业务时，他们从未想过将"假期"和"出租"这两个词连在一起，他只是在幼年时期父母在夏天出租房屋时听说过这两个词。他说："我们还没有厘清头绪。"这次交谈之后接踵而来的是一系列会议。出乎他们的意料，在一路被各种接洽过的投资人拒绝后，风险投资界最负盛名的投资公司竟对他们青睐有加，这简直令人难以置信。但是麦卡杜确实对此颇有兴趣，他对三人为房东和房客打造一个平台的想法印象深刻，他们为处理信任危机所设计的社交机制也打动了他。他说这些理念"远远超出了传统度假租赁业务的思维模式，我清楚地看到，他们解决了一些如何将房东和房客成规模地集中起来的问题"。

大约在同一时间，这三位创始人也与 Youniversity 风险投资公司进行磋商。这家早期投资公司由多人合伙创建，其中包括 YouTube 的联合创始人贾德·卡林姆，Xoom 和 Eventbrite 的联合创始人凯文·哈慈——现就职于创始人基金、贝宝、领英、Square 移动支付公司的前首席执行官基思·拉布伊斯——现就职于科斯拉风险投资公司。切斯基等人的创意吸引了这三位投资人的注意，因为它看似激进，却使大众回到了酒店出现前的时代，那时人人开门迎客。哈慈说："这几乎是回归到一个非常标准的惯例。"当然，他们也对这个"似乎最完美的创始团队"欣赏有加。

几周后，爱彼迎的三位创始人收到了来自红杉 58.5 万美元的风险投资协议，再加上 Youniversity 投资的 3 万美元，总计 61.5 万美元。这份投资协议使公司的估值上升到 240 万美元。

这份投资的重要性不言而喻。切斯基说："从红杉投资我们的那一刻起，创业火箭飞船就起飞了，我们已经没有回头路了。"比金钱更重要的是如何合法化。遭遇无数次直接的拒绝和否定后，硅谷最负盛名的投资公司对爱彼迎的支持证实了三人一路走来所取得的成就，这让他们信心倍增。切斯基如今说："这是目前为止最重要的，创业最大的敌人其实是你的自信心和决心。一直以来，别人都用'糟糕'来形容我们的创业，后来终于有人说我们很棒。"长路漫漫，充满艰难险阻，但至少在这个关键时刻他们获得了赞同。他们得到了这个宝贵的机会（这对红杉同样意义重大，该协议里 58.5 万美元的投资回报约为 45 亿美元）。

其他事情也步入了正轨。柏思齐曾告诉他的未婚妻伊丽莎白·莫雷，他三个月后会回到波士顿，和她一起开始新生活。就在他们三人拿到投资协议的那天，莫雷也得知斯坦福露西尔·帕卡德儿童医院聘请她为住院医师。柏思齐在初创企业干得出色，莫雷也要搬到旧金山。

几个月后，他们之前在纽约所做的努力开始有了回报。当年 8 月，他们的订单量由每日二三十笔飙升到 70 笔。他们开始推出一些新颖独特的房源来吸引眼球，比如树屋、冰屋和圆锥形帐篷等。有了红杉的资金注入，他们每人得到 6 万美元的年收入，与之前买不起牛奶，只能靠麦片果腹的日子相比，这份收入无疑是丰厚的。切斯基的父亲和母亲终于松了一口气。

创业的艰辛和痛楚让三位创始人毕生难忘。柏思齐 2013 年在 Y Combinator 创业孵化营里说："成功将会是你经历的最痛苦的蜕变。"切斯基说，迄今为止他们的创业故事已讲了千百遍，但有一段时间，他认为这个故事再也不会讲第二遍了。2012 年，我第一次见他，我让他描述一下其事业的最低谷时期。他说那是爱彼迎的起步阶段。"令人兴奋，事后想起来还很怀旧和浪漫，但当时绝非如此，实际上很胆战心惊。"

切斯基坚持认为这个想法本身并不那么疯狂，他和杰比亚丝毫无过人之处。他说："我们不是所谓的远见者，我们不过是普通人，只是认为肯定有像我们这样的其他普通人，家里有空余房间，可以借此赚点小钱。"

爱彼迎最早的一些顾问说，三位创始人身上确实有一些过人之处。"人们常常提到这种最小型的成功团队，"迈克·赛贝尔说，"这个团队真的很了不起。"他还指出这三人对待创业一丝不苟、兢兢业业。他说："你得对比一下和你谈论创业的人数和实践创业的人数，他们是后者。"赛贝尔称赞说，凡是遇到不懂的地方，他们就会主动学习。如果你告诉他们查阅某项资料会了解得更多，那么他们便会立刻去做。赛贝尔说："他们不会花很多时间去'想象'后果，而是积极行动。"

几年后，风险投资家弗雷德·威尔森发了一篇题为"罕见的行业过失"的博客，文中称当时否决爱彼迎的创意是一大错误。他写道："我们犯了投资界一个司空见惯的错误，我们过分关注他们当时在做什么，对他们能做什么、会做什么以及做了什么却未给予充分关注。"威尔森公司的会议室里至今还放着一盒Obama O's麦片，时刻警醒曾经的失误。

第二章

原则 2：长期锁定产品价值

> 创业好似跳下悬崖，然后在半空中组装飞机。
>
> ——布莱恩·切斯基，引自风险投资公司 Greylock Partners 合伙人里德·霍夫曼

他们成功了。

虽然他们离"死亡"只有一步之遥，但是起死回生，最终没有分道扬镳，没有各自回头做自己的项目。爱彼迎已拥有自己的用户群，羽翼渐丰，腾空翱翔。

依照硅谷创业领域的术语，切斯基、杰比亚和柏思齐已经实现了"产品/市场契合"。对于一家初创公司来说，这好似一个圣杯，而达到这个里程碑需要克服千难万阻。此时公司的创意理念既赢得了市场（拥有众多的潜在用户），又证明了其所创造的产品能够满足市场需求。马克·安德森对该术语的普及功不可没，他远近闻名，是技术出身的风险资本家，后又成为硅谷创业

军团的意见领袖。成千上万的初创企业还未做到这一点就一败涂地了。产品与市场契合是首要目标，否则企业就无法生存。换句话说，这也是 Y Combinator 的名言：公司必须"做人们想要的产品"。无论如何，回望 2009 年 4 月，切斯基、杰比亚和柏思齐那时处于关键时刻，他们终于跳出"起伏的希望"，使其转变成源源不断的收入。他们的产品人心所向，公司不断发展壮大。截至 2009 年 8 月，每周总收入由 1000 美元升至 1 万美元，每周预订成交总额约为 10 万美元。

艰巨的任务随之而来，公司必须转向长远规划：他们需要制订计划，规划发展路线和策略方针。他们需要雇用员工以及树立品牌文化。他们拥有市场，此时需要组建一家推出产品的公司。

可眼下只有他们三人，每天工作 18 个小时，每周工作 7 天，事事形影不离。"我们恨不得穿上连体衣。"切斯基后来在斯坦福大学的课堂上与林君睿对话"如何创业"时说，后者是红杉的合伙人和爱彼迎的董事会成员。他们开始考虑当前的燃眉之急——雇用第一个工程师——其实早在参加 Y Combinator 训练营时就已经考虑过，只是现在变得尤为迫切。所有的技术工作仍是由柏思齐一人承担。

他们开始构想所要创建的公司类型，并一致认为，内行人的帮助必定会使公司发生翻天覆地的变化。做这些决定不能草率。切斯基读过一些关于企业文化的书，认为在引进人才方面，他们三人需要谨慎为之。他对斯坦福大学的学生说："雇用第一个工程师就好似为公司植入 DNA[①]。"换句话说，他们不会去找一个缺乏号召力的人。如果一切进展顺利，这个人会吸引成百上千的类似人才。因此，找对第一位员工格外重要。

切斯基、杰比亚和柏思齐列出了几家公司，它们的品牌文化值得借鉴学习。红杉合伙人格雷格·麦卡杜成了三人交往甚密的顾问，他们经常每周一两次在洛可可餐厅共进早餐。借助红杉的人际网，三位创始人有机会接触到高级别的大公司，比如以宾至如归和"稀奇古怪"著称的 Zappos，以及星巴克、苹果、耐克等。一次早餐聚会上，他们请麦卡杜帮忙引见 Zappos 的首席执行官谢家华，Zappos 还是红杉的投资组合公司时，两人就已结识。在走回车库的路上，麦卡杜飞快地发了一封介绍信。第二天他给切斯基打电话时得知，三位创始人已到达拉斯维加斯，正在参观 Zappos 的总部。

他们三人留意到，凡是值得自己钦佩的公司都有强烈的使命感和一套既定的"核心价值"，这个有些滥用的术语指的是公司内部行为规范的指导原则，以及与客户、股东和其他利益相关者之间的关系。核心价值在硅谷只是某一方面的"事情"，可精通公司行为准则的人则认为它对于帮助公司确定引进人才类型至关重要，有利于公司的发展。

切斯基、杰比亚和柏思齐决定在雇用人才之前先打造其核心

---

① DNA 即脱氧核糖核酸。

价值。他们提出了 10 个原则，包括"如奥运健儿般拼搏""如家庭般的氛围"，以及"爱岗敬业"等（这些原则被 2013 年新出台的六大核心价值替代，2016 年则再次浓缩提炼）。随后他们开始面试各种各样的候选人。经过几个月的简历筛查和候选人面试，他们选定了一位来自 Y Combinator 的校友，名叫尼克·格兰迪，他曾创办过一家搜索服务类公司，但未获得第一轮融资。他对爱彼迎的产品抱有极大的信心，认为它有稳定的客户和市场，希望能共谋发展。2009 年夏末，经过多次面试，他正式入职，成为爱彼迎的工程师，在劳什街公寓的客厅里办公。员工人数继续增加，三位创始人几个月内又聘用了几位工程师和首位客服。格兰迪在回忆劳什街公寓的工作场景时说："那里只有隐隐的嗡嗡声。我恰巧在他们已经完成产品与市场契合的艰巨任务时加入，处于陡峭增长曲线的开端，前路好似奇妙的过山车之旅。"

对照硅谷工程师的招聘标准来看，这里的面试过程严格认真。2010 年 5 月起，加州理工学院的生物工程博士乔·扎德成为公司的第三位工程师，如今担任产品副总监。他回忆了持续数月的面试，首先是分别与前两位工程师进行手机视频通话和面谈，随后才得以面见柏思齐。接着，他再与杰比亚和切斯基面谈，之后与办公室中的每个人进行了两次一对一的交谈。（扎德说："我认为他们当中有人是暑期实习生，谁知道呢。"）总之，他经历了前后总计约 15 个小时的面试，之后又接到了一个限时 3 小时在家编写代码的任务。

扎德说他十分看重这次与众不同的机会。踏入劳什街公寓，他立刻迷上了其中的活力和激情，他甚至说："这里气氛浓郁，我不愿与之分割。"他将与切斯基和杰比亚的见面称为"我经历的最有趣的面试"（除了面试以外，他们还畅谈了自己喜欢的超级大国）。扎德感到一系列奇妙的巧合似乎冥冥之中预示着他应该加入这家公司。几周前，一些朋友发短信告诉他，他们一直在使用爱彼迎的订房服务新模式，那是他首度听说这家公司。几天后，他正在与硅谷的另一家公司面谈，面试完后，那家公司里的员工奉命开车送他去加州火车站，路上那位员工对爱彼迎赞不绝口。回到住所的当晚，他打开爱彼迎网站，映入眼帘的便是弗兰克·劳埃德·赖特在威斯康星州的房子，以每晚 300 美元出租。在洛杉矶读研期间，扎德就对建筑和赖特本人欣赏有加，而如今他登录的这个神奇的网站居然可以提供在赖特家住宿一晚的机会，该网站就是由他数次耳闻的这家非同凡响的公司创办的。第二天，他浏览一个名为 Hacker News 的网站，碰巧看到柏思齐在上面发帖招聘工程师，便发了一封电子邮件。扎德说："这就像一个霓虹灯指示牌上写着：你必须加入这家公司。"

截至 2010 年夏，大约有 25 名员工在劳什街公寓里工作。这里的卧室变成了会议室，三位创始人只能去楼梯间、浴室甚至屋顶面试应聘人员。于是切斯基搬了出去，租用了一年爱彼迎提供的房源，一方面是为了腾出空间，另一方面也是为了抽样调查他们的住房产品。

找到用户增长点

虽然爱彼迎的用户越来越多，但知名度还远远不够，因此提升声望仍是一项艰巨的挑战。三位创始人力促公司的发展：公关宣传和口口相传促成了新房源和用户数量的增加。此外，杰比亚和切斯基还频繁出差，采用种种营销策略发展公司，比如依托大型会议活动"打入"新市场、举办房东聚会以及其他游击战式的市场营销方式。

但柏思齐有一个秘密武器，他巧妙地利用新工具和技术实现了"增长黑客策略"。他开发了连接谷歌关键字广告服务的技术，便于爱彼迎更有效地定位某个城市的潜在用户。2009年，克雷格是少数几家大规模的房屋租赁网站之一——它已经积累了数千万用户——却很容易被营销人员和精明的企业家窃取客户资料。柏思齐开发了一个一键式整合工具，爱彼迎房东只要点击嵌入其电子邮件中的按钮，立即可以在克雷格再次公布房源。他们的房源可供克雷格数百万用户浏览，这个工具也能确保爱彼迎将实际订单收入囊中。工程师圈内都对爱彼迎这项创举致以敬意，称之为"杰出的资源整合"——克雷格没有公开的应用程序接口或应用程序编程接口，即没有一套官方的规则和指南用于软件之间的交互。"坦白讲，这是我们的独门诀窍，"柏思齐说，"我们懂技术，便能做到。"他们在克雷格网站的做法也曾招致非议，即雇用承包商向克雷格用户发送自动定向电子邮件，招揽他们将放在克雷格网站上的出租房源发布到爱彼迎网站上（爱彼迎公司也承认当时确实时常利用克雷格的资源，但公司并不知道那些承包人会投机取巧，甚至发送一些垃圾邮件，这实际上无助于业务的增长。当时，他们一发现这个问题，就与那些有问题的承包人取消了合作）。当然，在2008年的SXSW音乐节上，他们就曾劝说第一个房东乐天东取消克雷格网站的订单，在爱彼迎上把房租给切斯基。

随着时间的推移，这种增长黑客策略渐渐失去作用，急需真正的发展动力。但是，很难估计努力寻求柏思齐所说的"自由增长方式"的真正价值。如果当初三位创始人不这样争取客户，那么爱彼迎可能就无法如此蓬勃壮大。

那么，爱彼迎究竟是怎样运作的呢？公司的商业模式与亿贝相差无几：通过连接买家和卖家收取佣金，即所谓的"服务费"。该网站将其委婉地描述为"从订单里收取一些费用以维持爱彼迎的正常运转，并为客户提供全天候服务"。这就是公司的收入来源，公司向房客收取6%—12%的服务费，房费总额越高，费率越低。房东也要支付3%的交易费。

如果一位房客预订一间每晚收费100美元的房间，那么需支付12%的服务费。爱彼迎收取12美元，即该旅客共支付112美元（其中不包含诸如房东额外收取的清洁费之类的其他费用）。爱彼迎还从房东处收取3%的交易费，所以房主最后到手97美元。一旦订单生成，爱彼迎就会向房客收费，但要在房客确认入住的一天后才将房费转给房东，以确保房客对房源满意。房东可以通过直接入账、使用贝宝或预付借记卡的方式收钱（近来，客户还可以在邮件中选择旧式支票）。

爱彼迎服务于双边市场，一边是房客和潜在房客，另一边是出租多余房间的房东。但它有所倾向：房客（需求方）市场自然更为宽广，有出行需求的人群日益壮大。与苦苦找寻那些愿意打开房门迎接房客的房东相比，满足房客享受到价格优惠、趣味十足的房源要容易得多。《共享经济》一书的作者阿伦·桑德拉拉贾曾说过："这是我见过的最困难的供给游戏。"书里讲到，尽管公司已拥有1亿多客户，却仅有300万套房源，而且并非每一天都能随时供应。每当爱彼迎想要开拓新市场时，都需要双边市场齐头并进，但供应方（房东）难以取得进展。这也说明了需求方（房客）在收费比例中占大头的原因。3%的订房费基本上只涵盖支付服务所产生的费用。除此之外，爱彼迎还为房主提供免费专业摄影服务，以及其他方式的贴心服务，比如邮寄赠送的水杯，在网站上报道一些房东的故事，以及邀请一些房东乘飞机前往公司定期举办的发布会和年会现场。

爱彼迎的业务基本上是利用网络效应：上传房源的房东越多，住宿选择就越多，这个平台对有出行需要的人就越有吸引力。出行人群越多，消费群体就越多，愿意注册房源的房东也就随之增多。就爱彼迎这个案例而言，其产品针对从一处到另一处的旅行服务，因此便借助快捷廉价的双赢方式形成了全球网络效应：一位来自法国的旅客在纽约使用了爱彼迎的服务，他回到法国后便极有可能考虑上传自家房源，或者向他的朋友说起这家公司，激发人们的兴趣，从而最终使得房源增多。这两方面看似毫不相干，却催生了新的市场，成本低廉，井然有序，无须派遣员工或团队亲自上阵。这也是爱彼迎与租车公司优步的最大区别：在开拓新市场时，后者必须采用不同的市场营销策略，投入大量的人力和物力，并事事亲力亲为。爱彼迎的发展壮大，无论是房客，还是房源，大多得益于这些旅行模式和全球化网络效应。

你可以从很多方面窥见爱彼迎的发展规模。最显而易见的是，从创立至今访问量已达1.4亿人次，在线房源为300万套（其中80%在北美以外），这些数据使得爱彼迎成为世界上最大的住宿提供商，远超那些连锁酒店（收购喜达屋酒店集团后，万豪国际酒店拥有了世界上最大的客房库存量，数量为110万间）。但爱彼迎有别于酒店：依据房东的时间安排及个人偏好，其房源数量每天都在变化，大型活动举办期间房源猛增，而且每晚都有大量空房。因此，在线房源的数量与入住率或交易量并无太大关联，只能说明业务的广度和规模。除伊朗、叙利亚以及朝鲜外，爱彼迎公司的业务遍及191个国家和地区，正如它公布的那样，遍布3.4万个城市。爱彼迎的投资者最看重公司的两样东西：效率和发展。公司的发展模式成本低廉：据估计，8年的时间总共花费不到3亿美元，而据说同样以共享经济著称的优步在2016年上半年就损失了12亿美元。而且，这8年来爱彼迎仍像野草一般猛长。正如本书中提到，据说公司一周就增加了140万名用户，而且当时预计到2017年初，访客量将由1.4亿增至1.6亿。投资者们也曾指望爱彼迎公司在2016年的收入增至16亿美元，现金流呈正态分布。

最多不超过三次点击

就爱彼迎公司而言，人们常常提出的一大困惑是：既然当时许多类似网站已遍地开花，为何这家公司还能发展壮大？这些房屋租赁网站包括Couchsurfing.com、HomeAway.com、VRBO.com，甚至克雷格。为什么爱彼迎能使房屋短租风靡一时，而它的同行却遭遇失败？

个中缘由主要在于它的产品本身。在科技圈，"产品"是继创意之后又一个模糊且包罗万象的术语：它可以指真实的网站或者应用程序，也可以指产品样式、运行模式、产品效果、工程技术以及使用和交互方式（用户体验）。爱彼迎推出的第一个产品就只是一个稀奇古怪的创意和一个名为"WordPress"的博客网站。当民主党全国代表大会在丹佛召开时，他们已经准备好第三次投放市场。那时三位创始人的眼界也开阔了不少：从最初打造为大型会议提供住宿的简易平台，转变为创建在线预订民宿的网站，和预订酒店一样容易。从一开始，切斯基和杰比亚就注重网站和体验的一些要素。具体来说，网站必须畅通无阻，使用便捷，上线房源必须赏心悦目。史蒂夫·乔布斯（切斯基和杰比亚心中的设计大师）在设计 iPod 操作界面时，曾坚持最多只需三次点击，用户就能播放下一首歌曲。受此启发，他们也希望自己的用户在预订下单时最多点击三次。

其实，在早期的推介会上，众多投资者认为切斯基和杰比亚毕业于罗得岛设计学院，缺乏科技专业知识，这种创业背景是一个危险信号，而现在却成为他们最宝贵的资产。他们当时设计的不能说只是一个作品，或者网站，而是一种经营理念，即从产品到界面再到用户体验。后来，这种模式渗透到公司经营的方方面面，包括打造公司文化、规划办公室、组织管理公司以及召开董事会。但在早期，该模式重在使网站界面美观、简明易懂和完善。用科技界的行话来说，那是他们想要"优化"的内容。

注重设计以及主营住宿和出行业务有时让人们觉得爱彼迎并非一家科技公司，但技术能力从一开始就对该平台至关重要。网站需要处理诸多要素：付款、客服和评论——每个部分都是重要的工程任务，需要时间来构建和完善，而长时间以来，只有柏思齐一人能完成。

其中最复杂的部分就是付款系统。三位创始人明白，为了使爱彼迎的线上订房和酒店订房一样便捷，他们需要一个先进的在线支付系统。与酒店服务不同，他们需要处理的不仅仅是收钱，还要将 97% 的款项付给房东个人。为民主党全国代表大会提供住宿服务的准备阶段，柏思齐曾借助亚马逊平台完成支付。由于这家网上零售商推出了全新的云支付服务，爱彼迎可以从甲方收款后直接汇给乙方，而无须承担类似银行中转的责任。当时这是一项全新的技术，在工程界鲜为人知，就连柏思齐也花了一个月才运用自如。

当他展示新技术时，切斯基和杰比亚却无动于衷。他们认为其用户体验相当糟糕，步骤烦琐，至多是亚马逊的炒作而已。他们放弃了该项技术，决定扮演中间商的角色。他们收取款项，存进自己的银行账户，然后再汇给客户。其复杂性可见一斑：他们一旦陷入欺诈、延迟或有争议的交易纷争，将负责向客户退款。出于以上原因，他们没这样做，但还是认为这种模式最便捷周到，所以他们必须采取可行的措施。民主党全国代表大会会议期间，柏思齐本来打算使用贝宝来替代亚马逊的技术，但最终还是自创了一个终端到终端的支付系统。该系统能够应对复杂的全球市场和货币体系，每天处理成千上万次汇款业务。爱彼迎的支付系统随着时间的推移不断完善，虽然使用过的房客因其复杂性而不愿注册，但业界的工程师认为该支付系统是一项了不起的成就。

爱彼迎公司的服务旨在安排陌生人入住房东家，因此一个健全的客户服务机制至关重要。客户服务（公司现在称之为客户体验）如今是公司员工人数最多的部门，但2009年全年几乎是切斯基处理大部分客户来电。因此，柏思齐认为必须通过网站建立一个全天候的客服平台，以此作为公司的"前台"，为那些身处爱彼迎民宿中的房客提供夜间服务。

另一个挑战来自找寻或自创一套体系，将寻求房源的房客和提供住宿的房东相匹配。这看起来很简单，只需在客户选择入住时，自动将目的地的空置房源罗列出来。然而，如何将合适的房源呈现在所匹配的房客眼前，仍是个有待解决的难题。每个房源都是独一无二的，不仅外观、氛围、位置和价格各不相同，就连入住时间和规定、房主性格和偏好也相差甚远。关于体验，因人而异，很有可能是甲之蜜糖，乙之砒霜。这是一个具有两面性且极度个性化的匹配问题，但三位创始人明白，为了爱彼迎明日的辉煌，他们必须向双边客户提供非常满意的服务。这样一来，客户才会再次使用这个平台，并向朋友推荐宣传。

爱彼迎开创初期，其搜索功能简单明了：只要满足一些基本的过滤条件——旅客数量、日期、设施——便能获得高质量的区域房源信息。随着时间的推移，公司的算法越来越先进，能够将房屋质量、房东行为模式和房客预订偏好等因素考虑在内。比如，爱彼迎可以依据用户前期行为得知一些用户喜欢提前数月预订房间，而另一些用户往往更愿意提前11个小时预订。它还能将最后一分钟决定预订的房客和表示愿意接受预订的房东相匹配，从而降低房客想要预订却遭到拒绝的可能性。

随着时间的推移，支撑爱彼迎搜索和匹配功能的技术会越来越精细化。公司现在有400名工程师和一个迈向其长远目标的机器学习引擎。这台机器能从某天的1万套可住房源中轻松提取信息，比如为用户挑选巴黎最心仪的五六套房源。

2010—2011年，爱彼迎不断打磨产品，精益求精。公司发布新款心愿房源信息，让用户按Pinterest样式制作其最理想的房源图片，公布社会名流的房源喜好，让用户可以把自己的爱彼迎账户与脸谱网账户直接链接。自从公司发现经过专业摄影的房源的预订量是市场平均数的两三倍，便于2011年下半年将原来每月1000户的摄影任务量设定为每月5000户，由此预订量激增。

爱彼迎的如日中天还得益于它诞生的时代——新兴的云计算时代。它不必耗费财力和物力去添置服务器、仓库和数据中心，而是可以将其所有的在线基础设施存储在网络云里，租用云端供应商提供的服务和工具，以及外包其所有的数据处理工作。亚马逊网络服务是网络零售巨头亚马逊的子公司，现已在第三方云计算业务中成为市场主导，因此爱彼迎公司就将以上这些功能迁移到亚马逊网络服务平台。公司无须花费任何时间和精力来了解如何维护与运行复杂的网络基础设施，其工程团队只需创建一个强大的网站，解决其核心业务独有的问题。要是再早一点创建公司的话，可能就是另一番景象了。

尽管爱彼迎从这些科技创新中获益良多，但这些工具是新近推出的，并不成熟，因此运转情况时好时坏。柏思齐感叹说，有时仅维护网站的正常运转都是一个不小的挑战，总会出现一些故障或"无法预知的事情"。前18个月或者说更长的时间里，他的大部分工作内容只是保持平台运行无阻。每当网站出现故障时，他手机上设置的"充气床漏气"的警示就会跳出来。故障修复后,"充气床气满"的提示又会跳出来。"这个提示总是三天两头地蹦出来,有时候是深更半夜,我常常被提示音吵醒。"柏思齐说道。

然而,这一切复杂精深的后台操作确保了公司的发展。从红杉第一轮融资开始,他们面临的最大挑战并不是创造增长,而是保持增长。根据美国科技类博客 TechCrunch 发布的数据,2010 年公司的营业额增长了 8 倍。截至同年 11 月,爱彼迎的订房量已经达到 70 万晚住宿——80% 都是上半年的订单。与此同时,公司将总部搬到了旧金山 10 号街。

以前那些否决爱彼迎的著名投资者现在开始跃跃欲试了。2010 年春,三位创始人和他们一直想寻求合作的一位投资者见面聊了聊,他就是里德·霍夫曼,领英的创始人和风险投资公司 Greylock 的合伙人。霍夫曼最初也只是将爱彼迎的创意当作房屋短租公司 Couchsurfing 的翻版,对其不太关注。"第一个告知我这件事的人极力推崇这家公司。"他说道。他还评价那人"讲话的方式有点蠢"。但是美国最大的点评网站 Yelp 的联合创始人和爱彼迎初创时的天使投资人杰里米·斯托普尔曼告诉霍夫曼,这是一个令人兴奋的想法,建议他不妨与其创始人见面谈谈。

10 天后,爱彼迎的三位创始人驱车前往位于沙山路门洛帕克办公园区的 Greylock 办事处——风险投资的圣地——和霍夫曼面谈。经过几分钟的交谈,霍夫曼说自己明确地意识到该理念与

Couchsurfing 绝不雷同，是"类似于亿贝的交易平台"，但其发展潜力更大、更具创意。他中途打断三位创始人的介绍，并告诉他们不必继续招商引资了。霍夫曼说："听我说，我一定会为你们投资的。我们一起继续干下去，将梦想变成现实。谈谈目前的困境吧，让我们一起携手共创事业。"11月，爱彼迎宣布了首轮融资情况：Greylock 风险投资公司出资 720 万美元。（霍夫曼说他从早先的经历中学到了一个教训：当一个"蠢人"极力宣传某事时，人们常常先入为主地认为那有些言过其实。他说："需要等到获得可靠的信息。"）

据霍夫曼所言，他最欣赏的不仅是三位创始人的想法，还有他们不怕丢脸和干劲十足的精神，这些能力对于开拓在线市场业务的企业家们尤为重要。"不同类型的企业需要具有不同特长的创始人，"他说，"对于那些市场中的创始人而言，敢于打破常规和斗志昂扬是非常重要的特质。"爱彼迎的三位创始人已经有所作为，比如克服重重困难为企业的发展铺平道路，这也是一些优秀的企业创始人的做法。霍夫曼说："如果它是一家网络或游戏公司，这可能并不要紧，但就市场型企业而言，这是公司创建过程中的关键。"他们解决了最初的房租问题，创造了 Obama O's 麦片的销售奇迹，创业并未夭折——"这也正是我立即决定投资的原因"。

两个月后，爱彼迎宣布预订量已达到 100 万晚住宿。仅过了 4 个月，预订量再次翻倍，直抵 200 万。重磅消息随之而来：

科技圈里传言四起，流传数月——爱彼迎获得了由安德森－霍洛维茨主导的新一轮1.12亿美元融资。2011年7月中旬，爱彼迎证实了该传言。这家公司之前曾否决过爱彼迎的方案，但现在态度完全逆转。这一轮投资还包括诸如DST Global和General Catalyst Partners等主要风险投资公司，并将公司的估值定为12亿美元，正式将其变成所谓的"独角兽"，一家价值至少10亿美元的私人公司，虽然这个术语在两年后才被正式使用。鉴于爱彼迎的首轮投资总额达到780万美元，科技网站AllThingsD称募集金额"令人叹为观止"。

除此以外，这轮融资不仅预示着爱彼迎公司的鼎盛之期已经到来，而且还获得了业界的看好和认可，认为其潜力无限。这轮投资的大小和规模，连同投资者们的名声，响彻旧金山的山谷。这则消息在投资界引起了一阵明显的恐慌，其他公司为错失这个伟大的创意而懊恼。美国科技类博客TechCrunch称，"爱彼迎是初创公司里当之无愧的黑马"。在2011年5月的视频采访中，切斯基惊叹道："爱彼迎公司尚未出现房客安全问题。"博客网站科技记者莎拉·莱西指出："没有出现囚禁、谋杀或强奸案件——你们公司没有发生过类似克雷格网站的丑闻事件。"切斯基夸耀道："我们有160万晚住宿订单，至今没有人受伤，更没有任何重大事故的报道。"莱西随即问道："然而早晚会发生，是吗？""我曾经有过短暂的驾龄，但已经出现过三次交通事故了，"切斯基揶揄道，"我敢说这至少比待在汽车里安全，其他的我也不敢妄言。"他的措辞似乎揭示了命运的神秘性,当日所说的那一番话好似为后来公司的遭遇埋下了伏笔。

经历过重重艰难险阻,三位创立人终于取得了成功。曾经没有人相信他们。他们遇见过热情似火的投资人,也遇见过冷若冰霜的投资人。他们曾度过惊心动魄的夜晚,也曾令父母惊慌不安。一路走来,他们披荆斩棘,跨越了许多看似难以逾越的障碍。如今公司日渐壮大,但也开始面临一些棘手的问题。

好产品才会有抄袭者

当互联网起初兴起时,德国三兄弟——马克·扎姆韦尔、亚历山大·扎姆韦尔和奥利弗·扎姆韦尔开始利用这些美国杰出科创企业的创意赚钱。他们在国外照搬这些创意,推出了克隆版。他们位于柏林的风投公司曾投资推出过亿贝、Zappos 和亚马逊三家公司的克隆版。2007 年,他们又创办了一家名为 Rocket Internet 的公司,模仿新兴的互联网初创公司。他们故技重演:这些互联网初创公司主要集中于美国市场,其规模和资金不足以拓展海外市场,他们便趁机在欧洲创建类似的网站,花重金扩展规模,一夜之间迅速抢占市场,然后再迫使这些初创公司出高价买回其海外品牌的"所有权"。

2010 年,三兄弟瞄准了 Groupon 公司,之后的复制策略也大获成功—— Groupon 公司最终不得不以 1.7 亿美元回购其海外的

"克隆公司"。2011年,他们三人又将注意力转向爱彼迎公司。他们创建了一家名为Wimdu的公司,并在中国设立其子公司爱日租(Airizu),投资额总共9000万美元,几个月内雇用了400名员工,开设了十多个办事处,并宣称拥有1万套上线房源。爱彼迎从其欧洲区域的会员那里知晓了Wimdu野心勃勃的战术,其中包括从爱彼迎蒸蒸日上的业务中窃取房源,利诱房东们倒戈(转移到Wimdu)。"这是一场全方位的市场争夺战。"红杉资本的林君睿感叹道。当爱彼迎听说这件事后,立即给群内用户发送邮件,提醒他们不要与这些"骗子"来往。

爱彼迎当时处境堪忧,其员工不过40人。三位创始人明白必须快速索回欧洲市场,爱彼迎不能自称为旅游公司,其业务也还没有遍及世界各地,尤其是欧洲。(里德·霍夫曼曾在斯坦福大学教授名为"技术驱动的闪电扩张"课程,切斯基和其进行课堂交流时说道:"这就像是一部没有信号的手机——毫无价值。")果不其然,不久扎姆韦尔兄弟便向爱彼迎开出转卖Wimdu的条件,这一举动使爱彼迎进行了深刻的反思。当时切斯基在课堂上有机会和硅谷的顶尖人才当面交流,因此他一边给霍夫曼的学生们讲述这件事,一边向思维活跃的导师团队咨询。这些导师包括马克·扎克伯格、安德鲁·梅森、保罗·格雷厄姆和霍夫曼。他们各持己见:梅森刚经历过类似的事件,语重心长地告知切斯基,Wimdu完全有实力搞垮爱彼迎。扎克伯格则建议他不要回购,凭借高质量的产品就能获得市场。最终切斯基采纳了保罗·格雷厄姆的建议。格雷厄姆指出，爱彼迎和 Wimdu 的不同之处在于前者是传教士（无私奉献者），而后者是雇佣兵（唯利是图者）。他对切斯基说，赢家往往都是传教士。

后来切斯基把当时的情形称为"用公司下注"，三位联合创始人决定拒绝收购 Wimdu，因为他们非常认可格雷厄姆的说法：切斯基并不想招进 400 名雇佣兵似的员工，同时爱彼迎却对雇佣关系没有发言权。考虑到扎姆韦尔兄弟无心长期经营 Wimdu，其业务核心只是围绕着抛售公司，而非让公司正常运营，那么最好的回击便是迫使他们必须切实运营自己创建的企业。切斯基给霍夫曼打了个比方："孩子既然生下来了，现在就该抚养了，那么令人头痛的问题会随之而来。"

虽说拒绝回购有助于塑造公司的价值观和文化，但当前的压力在于如何夺回欧洲市场。爱彼迎立即收购了另一家德国竞争对手 Accoleo——一个没有趁火打劫的抄袭者，并开始雇用和培训片区经理，要求他们开拓和发展本地市场。接下来的三个月，爱彼迎在海外增设了 10 个办事处，并招募了几百名员工（在此期间，Wimdu 继续营业，宣称预订量已经超过千万晚住宿）。

总的来说，这是一场势均力敌的较量，也是一个深刻的教训。虽说这算是一场危机，但几周后，风平浪静，似乎一切都未发生过。

多年来，让投资者对爱彼迎犹豫不决的最大顾虑就是安全问题。在许多人看来，让陌生人留宿自己家的想法愚蠢之极，无疑是自找麻烦。但从一开始,爱彼迎的三位创始人就坚持认为,他们设计的管理体系——房东和房客的简历与照片,以及健全的双方评价与信誉体系——都有助于防范安全风险。直到 2011 年,一切都进展顺利,因此他们自信地认为自己的管理体系十分完善。

2011 年 6 月 29 日,一位名叫 EJ 的女性发表了一篇痛心疾首的博客文章,谴责爱彼迎的房客在当月月初时如何破坏她的公寓,而且证据确凿。这种行为不单单是破坏房间,简直就是粗暴地捣毁了公寓。这群房客撕毁了 EJ 女士的所有物品,将其公寓里里外外弄了个底朝天。他们撬开了锁着的壁橱,偷走了她的相机、iPod、电脑、祖母的首饰、她的出生证以及社会保险卡。他们发现了优惠券,便在网上购物,还在壁炉里焚毁物品。由于焚烧时未打开烟道,结果房间里满是灰烬。

他们从枕头上撕下标牌,在她的家具、柜台、书桌和打印机上撒上粉状漂白剂。她的衣服和毛巾乱成一团,被丢弃在潮湿发霉的柜橱底下。她浴室的水槽变成了一个结块的"硬皮黄色物质"。曾租住过那套公寓的名为 Dj Pattrson 的爱彼迎用户不断给 EJ 发送致以慰问的电子邮件,描述自己多么喜欢这套"沐浴在阳光里的漂亮公寓",特别是楼上的"小阁楼"。

这是一个出岔子的极端例子,超乎所有人的想象。这位受害者的经历令人痛心疾首。作为一位勉强维持生计的自由职业者,她动情地写下自己如何将公寓打造成"私密家园——在结束漂泊回家的那些珍贵时刻,整个身心都融入明亮温暖的阁楼",而且这套公寓代表"个人的家庭生活和宁静安全的港湾"。她写下了出租公寓的决定："当我外出时,让这么棒的一套公寓空置,似乎是一件愚蠢的事情。恰逢这么多旅行者来到旧金山四处寻找落脚之处,他们选择了我喜爱的体验方式——入住民宿,而非选择那些宾客云集的酒店。"她对房屋共享的创意并不陌生,曾通过租房网站克雷格在纽约租住过好几次民宿,每一次体验都令她"格外惊喜"。近日,她也通过爱彼迎预订过民宿,并且爱上了这个平台。简言之,如果爱彼迎要在其用户中树立典范,即深谙公司价值理念的会员,那么 EJ 本应该是最佳人选。

她在博客里十分理性地分析了爱彼迎的作用,也讲明了自己的担心:"我仍相信爱彼迎 97% 的用户都是正直善良的,我不幸遇到了那 3% 的坏人。我认为人们终究会碰到这种事。"她亦提出疑问,到底她从支付给爱彼迎的服务费中得到了什么。她还提到,租赁网站克雷格供免费使用,并会反复提醒她使用该网站存在风险,督促她与有租房意向的房客多多交流。爱彼迎却要求在订单支付完成前严格控制个人信息交流。她的言下之意是,爱彼迎已经为她进行了房客个人背景调查,这也是她支付服务费的缘由,但该体系出了大纰漏。

EJ 写道,犯罪嫌疑人偷走了一些无法弥补的东西——她的"精神"。她还提及自己如何与朋友一起共渡难关,承受这次突如其来的灾难,数日下午穿梭于典当行探寻被盗物品的踪迹。

EJ 给爱彼迎公司的紧急邮箱 "urgent@airbnb" 发送了电子

邮件，可第二天她与在爱彼迎公司工作过的朋友联系后才得到回复。客服人员了解到她的情况后，表示了深切同情，并积极解决问题。EJ 在她的第一篇博客里写道："如果我不在此强调爱彼迎的客服团队工作出色，给予此事高度关注，那么我就太不尽责了。他们经常致电给予我安慰以及发自内心的关心，还主动提出帮我进行心理治疗并赔偿损失，甚至和旧金山警察局通力合作一同追踪这些犯罪嫌疑人。"

起初的一个月，知晓这件事内情的人为数不多。可不久后，新闻网站 Hacker News 刊出了 EJ 的博文，这则消息顿时走红。此刻，爱彼迎内部也出现了混乱。公司之前从未发生过这样的危机，对此毫无招架之力。切斯基、杰比亚和柏思齐，整个管理团队以及客服部门，外加十几个从各地飞来的负责人在接下的数周里都是全天无休地工作。他们又将充气床垫拖出来当作暂时休息点，但没有人觉得这一幕很讽刺。三位创始人调动了整个顾问团队出谋划策。他们最新的投资人安德森－霍洛维茨把工作安排为两班倒：爱彼迎普通合伙人及董事会新成员杰夫·乔丹负责白天的事务，马克·安德森接班处理晚上的事务（当时，恰逢爱彼迎宣布了新一轮的大投资，许多人认为这一消息的公布才使得 EJ 的遭遇受到关注并被广泛传播）。

然而大家在应对危机时各持己见：一部分人说，承担任何责任都有可能招致更多的投诉；一些人认为公司应该承认处理失当；另一些人则建议他们应该置身事外，保持缄默。

7月27日，切斯基公开发表了公司的首次回应，力图安抚会员，称犯罪嫌疑人已被关押，爱彼迎会继续将安全问题视为重中之重，并和EJ以及警察局一直保持密切联系，以将事情"处理妥当"。他还概述了公司即将施行的安全升级措施。

这个公开声明反而把事情搞砸了。EJ随后又发表了另一篇博文驳斥切斯基的声明：她声称曾经常帮助她的客服团队在其公开曝光这次恶意袭击事件后便杳无音信。她说一位创始人（不是切斯基）曾告知他们已经掌握了在押嫌疑人的基本信息，但现在还不能公开。她提到这个共同创始人——柏思齐——曾表示担心她的博文可能会带来负面影响，因此要求她予以删除。她还指责公司没有采取任何措施保护她的安全，也并未对她做出任何赔偿。她在博文最后建议那些同情她的人："下次外出旅行时，最好捂紧口袋，花钱预订一家真正的酒店。"与此同时，爱彼迎的另一位用户又曝出了另一则同样惊悚的故事：一位服用了兴奋药品的房客几个月前也曾将他的公寓弄得一团糟。

情况越来越糟糕。尽管身边配有顶级顾问，切斯基仍收到了许多千差万别的建议。几乎人人都在关注这一切对公司的冲击，担心说错话或者做错事会使局势恶化。顾问们建议切斯基不要去打扰EJ，因为她说想一个人静静。律师们劝他要谨言慎行，但谨言慎行和保持缄默会使事情变得更糟。此时切斯基突然醒悟，他应该停止听从别人的建议。他说："我遭遇到人生的黑暗时刻，我非常关注事情的进展，但工作的重心需要彻底改变。"他意识到自己不应该着眼于公司的成绩，而应该按照自我价值观和公司的理念进行经营管理。他认为自己应当诚恳地向大众公开赔礼道歉。

8月1日恰逢星期一，切斯基发表了一封措辞诚恳的致歉信。"我们这次真的把事情搞砸了，"信首赫然写道，"这周初，我写了一篇博文试图解释来龙去脉，但它并没有表达出我的真情实感，所以请大家再给我们一次机会。"他表示公司处理危机的方式并不恰当，同时阐明了坚持自己价值观的重要性。他解释说爱彼迎让EJ失望了，他们原本可以做出更及时的回应，采取更灵敏和更果断的措施。他还宣布爱彼迎将会出资5万美元，保护房东免遭损失，并具有追溯效力（几个月过后，爱彼迎将保险金额提升到了100万美元）。除此之外，切斯基还宣布将会开通24小时客服热线——EJ曾指出公司早就应该出台该措施——以及将客服人员增加一倍。

所有内容都有悖于切斯基收到的建议。切斯基说："当时人们劝告我，'所有措施都有待进一步讨论，有待进一步测试，我说，'不，我们应该立即行动'。"但他还是采纳了一则建议：马克·安德森在深夜仔细阅读了该声明后，建议切斯基在这封道歉信末尾写上个人邮箱地址，并在保证金后面添一个0，从5000美元升至5万美元（旧金山警察局稍后证实犯罪嫌疑人已被逮捕，爱彼迎也声明会就此案给大家一个交代，但拒绝对此做出更多的解释）。

切斯基在这次经历中最大的收获是：不要在达成共识后再去做决定。"在紧要关头，达成一致的决定常常是最中庸的路线，也往往是最糟糕的。"切斯基说，"危机当前，你需要选择向左或者向右。"从那时起，"多加一个0"成了改变思维方式的委婉语。切斯基后来将公司的这次经历称为"凤凰涅槃"。

他回忆说，这些挑战常常突如其来、出人意料。在斯坦福大学的课堂上，他曾对里德·霍夫曼说："这就像你正走在街上，突然有个家伙打了你几拳，你却不知道他们从何而来。"

爱彼迎获得新生还在于任命了几个重要的管理者。如果说EJ事件教会了他们什么东西，那便是他们需要一位专业的公关人员。他们找到了金·鲁比，她是一位资深的民主党人士，曾从亿贝跳槽到雅虎。她经历过危机，手里有客户资源，还曾涉足政坛，这些因素加起来正合他们的心意。她和三位共同创始人进行了面谈，商议出一项百日计划。鲁比入职后，三位创始人告诉她："对了，几周后爱彼迎将在欧洲开拓10个新市场。""那语气就像，'哦，我们有件事忘了告诉你……'"鲁比说。

切斯基还让贝琳达·约翰逊出任另一个重要的行政管理职位，她曾担任过雅虎的副法律总顾问。约翰逊曾是Broadcast.com的总法律顾问，负责处理互联网早期使用中产生的无线流媒体、侵犯版权、侵犯隐私权等问题。雅虎收购Broadcast.com后，她随之进入这家搜索巨头公司。离开雅虎后，她一直在等待良机，希望进入一家处于发展初期且以消费者为导向的公司，她一直都在关注爱彼迎的新闻。她说:"一读到爱彼迎的新闻,我就特别激动。"2011年秋,她搬到了爱彼迎位于旧金山罗得岛街的新总部,开始了她在爱彼迎的工作生涯。

闪电式扩张

爱彼迎的三位创始人已着手扩大公司的规模,但要将公司打造为一个市值10亿美元的行业巨头,他们还需要一些重大的经验教训。早前三位创始人力图创建公司时,他们的关注点仅仅是站稳脚跟。"在产品和市场契合之前,做长期打算似乎有点荒谬。"切斯基后来坦言道,"当垂死挣扎时,你根本不会去考虑'长大后,我要做什么'。你考虑的是,'我怎么能够活下去'。"

回想往昔,那些吃干麦片的日子更简单一点。现在他们不仅会面临各种危机,还要应付各种竞争对手,而成败往往就在一瞬间。人人都想确立长远目标,但当下仍需做出一些实时决策,那时爱彼迎的根基还未打牢。

霍夫曼曾语重心长地对切斯基说:"创业好似跳下悬崖,然后在半空中组装飞机。"短时间内,三位创始人不得不雇用大量员工。截至2011年底,美国本土办公室约有150人,海外约150人。此时,他们开始琢磨管理问题。他们必须设计和塑造公司文化,制定路线图般的规划——不是仅仅应对接下来的一天或几周,而是针对接下来的几个月,要让新员工清楚自己的工作。就用户而言，如今有数百万注册用户，但有时没有足够的客服人员为他们服务。

人们常常问及切斯基有关创业阶段的事，他坦言，若只是用一些简单的术语讲述公司的历程，诸如从第二阶段发展到第五阶段，那会让人一头雾水。他将这段历程生动地描绘为"灭火"。这个过程孤立无助——市面上充斥着大量有关如何创业或者管理大企业员工的书，但是讲述这两大阶段之间历程的书却少之又少。

对爱彼迎而言，高增长期将持续很长一段时间。2012年初，切斯基告诉我爱彼迎终于发展到了一定规模，由此他能够思索发展节奏以及制定长远规划。公司不可能长期处于高速增长阶段，但至少目前如此，他们会增设更多重要的行政管理职位，2013年会迁往规模更大的新总部。爱彼迎已经从被戏称为硅谷电梯内行销[①]的"类似于亿贝的交易平台"，摇身一变，成为其他初创公司竞相模仿的标杆。Boatbound将自己定义为租船界的爱彼迎，Dukana是设备版的爱彼迎，而DogVacay是宠物寄养版的爱彼迎。

现在，爱彼迎已成为一个创业巨头，有2500余名员工，其中工程技术人员400人，客户服务部门的比例更大。这只是公司内部的工作人员，爱彼迎创业传奇最重要的成员来自总部之外，即房东和房客。换言之，数百万的用户将爱彼迎从一家公司转变为一种时代趋势。

---

① 电梯内行销是指用乘坐电梯的短短几分钟时间向可能的投资者简单介绍公司的理念或概况。——译者注

第三章
原则 3：降低用户的成本

> 优步是一种交易，爱彼迎则更人性化。
>
> ——艾莉莎·施赖伯 风险投资公司
> Greylock Partners 合伙人

爱彼迎公司的组建和壮大多年来一直是一个创业传奇。三位创始人克服重重困难开创公司，完善公司技术、产品和文化，进而高速发展，成为业界令人叹为观止、灵活多变的企业典范。短短几年，即便三位创始人经验不足，却成绩斐然，引人注目。

如果只局限于了解爱彼迎公司的内部情形，那么就无法获知公司的全部"经历"。爱彼迎的员工有 2500 余人，其中大部分人在旧金山工作。如果爱彼迎已掀起一股浪潮，那么世界各地的数百万人都已卷入其中。

数百万人都曾使用过爱彼迎公司提供的服务，其业务随季节波动，并于 2016 年夏创下业务量新高，单晚留宿人数高达 180

万人。尽管消费群体众多，但是公司的知名度仍较低：许多人还未曾听说过这家公司。即便有人提起爱彼迎的运营理念，他们的反应和那些将之拒于门外的早期投资人一样，认为这个想法古怪离奇。

在写书的过程中，当我向身边的人介绍爱彼迎的创业理念时，他们纷纷表示不能接受，其中一些人甚至感到"恶心"。我朋友的好友说："我绝不会那样做，你愿意睡在别人污浊的床单上吗？"一天早上，一位受雇于某档知名早间新闻节目的司机曾专程接我去演播室。一路上，我们谈到这个话题，他的反应极具代表性。他从未听说过爱彼迎，听完我的介绍后，他摇摇头说自己绝对不会那样做。他给出了两个理由：首先，这会助长床虱四处繁衍；其次，向陌生人敞开大门、让其入内，却对他的身份底细一无所知，"有可能招来一个亡命天涯的杀人犯"。他的说法不无道理，大量的例子可以佐证，EJ的遭遇便是一个活生生的例子，当然更多的恶性事件将接踵而至。但要全面了解爱彼迎引发的潮流，首先就得明确其需求定位及其填补的空白。正如Y Combinator公司的格雷厄姆所说的那样，只有满足用户的需求，才会被数百万用户追捧。

创业初期的爱彼迎只是一家网站，以满足千禧一代廉价租用他人客厅或者空床位的需求而著称。随着时间的推进，公司的业务不断拓展。爱彼迎的发展大致可分为三大阶段：早期沙发客模式阶段；冰城和城堡阶段，公司发展壮大，逐步树立古灵精怪、与众不同的形象；格温妮丝·帕特洛阶段，其用户群和房源已扩展至一定规模。2016年1月，这位女演员前往墨西哥蓬塔米塔度假，曾入住爱彼迎提供的每晚标价8000美元的房源。几个月后，她又预订了法国蔚蓝海岸每晚标价1万美元的海岛别墅。帕特洛阶段具有双重含义：首先，爱彼迎已成为满足最挑剔、最讲究的旅行者的需求的不二选择；其次，它已成为满足个性需求的庞大平台。

如今，爱彼迎的房源储备反映了世界房地产市场的多样性。旗下300万套房源各具特色，房型多变，体验各异，令人难以想象。你可以支付20美元睡在房东在厨房里安置的充气床垫上，也可以每周支付几万美元，入住帕特洛租住的那类墨西哥别墅。近来，爱彼迎提供的纽约市区房源的选择范围颇广，有皇后区牙买加街每晚低至64美元的地下室公寓，还有东十街每晚高达3711美元的五层联排别墅。在巴黎，你花24美元便能在丰特奈－玫瑰的西南郊区入住配备两张单人床和一个盥洗室的房间，也可以花8956美元入住位于第十六区的三合一公寓，该公寓面朝埃菲尔铁塔，配有私家花园以及"贵宾式酒店服务"。

爱彼迎的房源选择面广且新颖独特，滚屏浏览各种房源成为人们的一种消遣方式。网站里有近3000座城堡的房源图片，如法国巴黎勃艮第城堡和爱尔兰戈尔韦的中世纪要塞，旅行者甚至可以在炮塔里过夜。此外，还有几十套风车屋、船屋和数百套树屋的房源图片，树屋在网站上最受欢迎。人们"最期待的房源"

是悬挂在亚特兰大丛林中的三间树屋，它们靠绳桥连接，点缀着闪烁的灯光。最受欢迎的房源是蘑菇穹顶（Mushroom Dome），它位于加利福尼亚州的阿普托斯，属于乡间网格球顶小屋，拥有五颗星的心愿入住指数，超过 900 条评论，需提前 6 个月预订。

里德·霍夫曼说："要是有人向我寻求建议，我一定会让他认真地考虑建造一套精美的树屋。为了租到这种房源，旅行者一等就是好几个月。"还有诸如养马场、复古拖车、集装箱、货车、蒙古包和公共汽车等千奇百怪的房源，比如位于瑞典素食社区的汽车房（其入住规定为："请不要吃肉或者将其带到公共汽车上"）。此外还有 100 套灯塔房源。

随着时间的推移，爱彼迎逐步成为一个文化交流平台。2016 年美国总统大选期间，《纽约客》杂志撰文用幽默的词句列举了爱彼迎客户对候选人的评论。"2000 年，阿尔·戈尔和乔治·沃克·布什展开了一场辩论，当天的问题是——你愿意和谁一起喝啤酒。"恶搞的评论里写道，"2016 年的初选季，问题变为——你愿意在爱彼迎上将房子租给谁。"各大公司将爱彼迎作为营销平台，围绕其品牌推出专门设计的主题房源。2016 年夏，为配合电影《寻找多莉》（Finding Dory）的宣传，皮克斯动画公司在爱彼迎平台上特推大堡礁时髦浮筏过夜项目，便于人们亲近多莉和尼莫的自然栖息地。

当然，并非每个人都想漂浮在木筏上或悬在树上（阿普托斯的穹顶屋安装有堆肥式厕所，所以你必须将卫生纸扔到垃圾堆里），或者甚至在 15 世纪建造的城堡炮楼里入睡。房源越奇异古怪，越能提升公司形象，这些能为对爱彼迎公司赞赏有加的新闻报道提供源源不断的素材，比如"爱彼迎精选的 18 处童话城堡会让你美梦成真"。

其实绝大多数房源更具实用性，遍及世界各个角落。事实上，爱彼迎仅有 1/4 的业务地处美国。也就是说，这些房源大小不一、房型各异、价格不同，与房东的交往密切程度也存在差异。你可以选择入住个性十足的房源，配备独特的小装饰物、书籍和浴室用品，也可以选择一个看起来更现代简约的酒店式房间。你可以选择与房东共度时光，也可以选择独处尽享私人空间，或者介于两者之间：客房有独立入口，主人全天候住在主楼或者家庭套房里，而你可以选择不与房东交流或者与其畅谈。一些房东会为房客准备正餐，当然还有早餐（例如，在英国索尔兹伯里村，草屋的房主会在厨房里备好全套英式早餐，或者将一篮子自制糕点和果酱送到楼上出租房门口）。

独创性比商业化模式更重要

爱彼迎之所以这么受欢迎，还在于其综合考虑了各种因素，其中价格因素是最主要的。爱彼迎正好是在 2008 年经济大萧条最严重时创建的，但公司推出了多种房源，总体而言，价格通常比入住标准酒店便宜得多。爱彼迎的做法极具颠覆性，你能在纽约市预订到每晚标价不到100美元的房源。

其他因素虽说不是实在的利益，但更重要。爱彼迎的成功之处在于其捕捉到大众对大型连锁酒店大规模商品化的不满情绪，甚至连酒店自身也不得不承认这种情绪的存在。2016年初，万豪国际首席执行官苏安励在美国杂志媒体大会接受现场采访时，针对旅行者选择的颠覆性变化做了这样一番解释："20年前，如果你问及旅行者的需求，他们会说只想要一个洁净的房间，这并不奇怪。当时这正好符合我们的品牌战略。好吧，那就是近乎千篇一律的模式。"如今，旅行者的需求发生了变化，苏安励继续说："如果入住开罗，我就想体验到开罗的风情，而不是和住在克利夫兰的感受相差无几。"

同样，我们现在想要那些家庭自制、小批量生产的纯手工食品——从面包到泡菜，再到鸡尾酒冰块；许多旅行者，特别是千禧一代，想要在旅行中体验到同样不完美的真实感。这可能意味着与欣赏爱彼迎公司的退休人员住在一起，或者租住一间别致的私享小阁楼，只能从街边的后门进入。你也可以选择入住洛杉矶银湖区山峦里的艺术屋，配有阳光明媚的私人花园。无论是哪种房源，都是别具一格、真实可感的，这改变了过往的索然无味，使旅行变得更具个性化。里德·霍夫曼说："爱彼迎的理念与商品化模式背道而驰，它非同凡响，且充满人情味。"

不仅房源本身颠覆了传统，爱彼迎还给旅行者提供了全新的选择，让他们远离一些大型酒店和热点景区，去探索一些未曾留意的城市角落。这是爱彼迎的一项主要营销技巧，也是明智之举。大城市里的酒店常常集中在商业区。对许多旅行者来说，入住绿树成荫的布鲁克林富豪区，或者布拉格焕然一新的居民区，绝对是一种全新体验，令人心动。尽管克雷格等网站、分类广告或者当地消息告示牌也提供这种体验，但爱彼迎突破市场，将这种体验置于一个用户易于访问的便捷平台，因而吸引了众多浏览者。随着数百万人开始使用该平台，它逐渐为大众所接受。此外，随着图片精美的房源被源源不断地推出，爱彼迎满足了人们的需求。

我回想起自己最近去华盛顿特区旅行的经历，我喜欢入住精致的酒店，而且由于可以享受公司协议价格的优惠，我每年都入住乔治城四季酒店一次。乔治城是美国一个非常美丽的街区，四季酒店也是我最心仪的。2016年春，我决定尝试一下爱彼迎的订房服务，预订了一套有百年历史的马车房，配有一个园景花园，前面是一套连栋房屋，沿着一条狭窄的石巷，便能到达附近历史悠久的住宅区。它距离四季酒店不到1600米，深藏在我之前不敢前往的居住区。我仍然钟爱乔治城的四季酒店，它让我想起酒店可以提供爱彼迎不能提供的服务。但这也印证了爱彼迎引发的颠覆性改变。它不太注重商品化模式，而是更具独创性。酒店通常选址于城市大街、宽广的主干道以及商业区，而爱彼迎的房源却截然相反，大部分地处城市居民区。正如爱彼迎后来宣传的那样，公司倡导如同当地人一样去深度体验，而不是旅行者式的走马观花。虽然该理念并非对人人都适用，可对于那些选择入住宁静安谧居民区的旅行者来说，这一切意义非凡。我们稍后会进一步探讨，很多人喜欢以这样的方式看世界。后来再去华盛顿特区时，我又租住了该房源。

用户赞同比媒体报道更重要

2013 年的一天，爱彼迎开始考虑重新定位其经营理念和工作重心，以更好地诠释该平台的不同寻常。道格拉斯·阿特金于 2013 年早些时候进入公司，负责领导全球团队，并逐步将各项业务聚焦于一大理念，即"归属感"。阿特金擅长于协调消费者与品牌定位的关系，撰写了《品牌膜拜》（*The Culting of Brands*）一书。他对 500 名来自全球各地的爱彼迎用户展开了长达数月的深入调查，进而确立了这一理念，并于 2014 年 6 月前围绕这一理念对公司进行全新的改造。于是爱彼迎有了新的口号：让世界各地的人都能"四海为家"。其品牌颜色焕然一新：采用洋红色。徽标图案的含义也很特别：经过数月的构想和完善，最终设计出一个可爱的小波纹形状，并由刚从可口可乐公司跳槽到爱彼迎的新任首席营销官乔纳森·米尔登霍尔命名为"Bélo"。米尔登霍尔还说服创始人将"四海为家"的内部口号演变为公司的官方标语。

2014 年 7 月，爱彼迎在其总部的大型发布活动中介绍了重塑品牌的计划，还将重新设计移动应用程序和网站。切斯基在爱彼迎的网站上发布了一篇理性且超凡脱俗的文章介绍这一理念。他写道，很久以前城市还只是村庄，但随着大规模生产和工业化的发展，"大批量而非个性化的旅游体验"取代了个人情感，结果"人们不再相互信任"。他写道，爱彼迎不仅是一种旅游体验，还融合了共享理念和人际交往，利用技术让人们住在一起。爱彼迎能让人们满足"人类共通的归属感"。Bélo 图案的设计别出心裁，形似一颗心、一个定位别针和爱彼迎公司名的首字母"A"。这一设计简洁明快，人人都能随手画出。公司没有聘请律师和注册商标对其加以保护，反而邀请人们绘制自己专属的徽标。据称，这代表四种含义：人、地方、爱和爱彼迎。

评论爱彼迎有时过于理想化的看法有些保守，虽说客户似乎赞同这一理念，但新闻媒体颇有微词。美国科技类博客 TechCrunch 曾将"四海为家"的标语称作"异想天开"，而其他媒体也质疑到底是暖心而含混的"归属感"促使人们选择爱彼迎呢，还是他们不过想找寻一个低廉时尚的歇脚之处罢了？ Bélo 一经推出，便招致媒体的冷嘲热讽，但与其说是公司的理想化理念，还不如说是徽标的形状引发非议。媒体称该徽标看起来像乳房、臀部甚至男性和女性的生殖器。不到 24 小时，对该徽标的性解释便出现在 Tumblr 博客上。《纽约时报》的记者凯蒂·本纳发推特称："对于临时居所的描述，没有什么能够跟爱彼迎公司形似阴道或者臀部的抽象徽标相提并论了。"

我记得自己当时最质疑的并不是爱彼迎公司的徽标，而是其宣扬的"归属感"理念。我认为不过就是指和房东同住罢了。我用爱彼迎订过几次房，但和房东从未谋面，而且我也不想见房东，因为我的主要目的就是省钱而已。

但爱彼迎为重塑品牌所提出的"归属感"并不是指你和房东喝喝下午茶，一起品尝曲奇饼。它有更广泛的含义，意味着深入你用其他旅行方式无法了解的社区，入住常规旅行者通常无法前往的地区，睡在别人的家里，而且无论你是否见过房东，都能亲历受到房东"款待"的体验。2016年春，我从乔治城回来后几个月，民主党全国代表大会期间，我在爱彼迎上预订了费城的一间民宿，我拖着疲惫的身躯，在里顿豪斯广场一条破旧的步行街上找到了这套公寓。我小心翼翼地推开房门，映入眼帘的是一套迷人的单间公寓：高耸的天花板，厚实的屋门，墙边的书架上摆满了书，舒适简约的装饰风格，一串闪烁的彩灯悬挂在壁炉上。我喜欢房东珍布置的一切：她与我不谋而合收藏的书、她拍松后叠好的毛巾，以及她留给我的手写卡片（珍和我的审美情趣相投，这正是我选择这套房源的原因所在）。

纽约大学的阿伦·桑德拉拉贾评价说："入住爱彼迎的房源，即便主人不在家，你也能感受到个性化的亲密服务。这成为你和房东之间的纽带，你欣赏着房东家里摆设的艺术品，睡在房东挑选的床单上，端详房东的婚礼照片，这些唤醒了我们内心曾失去的某种感觉。"

不管媒体如何评价这次品牌重塑，爱彼迎的用户似乎"乐在其中"。接下来的几个月里，8万多人在线设计了专属自己的徽标。即使对于一些更知名的品牌来说，此次消费者参与度也是可望而不可即的。（爱彼迎对关于该徽标的非议也照单全收。带头宣传"归属感"的道格拉斯·阿特金后来也将该徽标称为"机会平等的生殖器"。）

那时公司的用户群也在不断发展。虽然爱彼迎的第一批用户是囊中羞涩的千禧一代，他们只想通过该平台搜寻廉价房源，但随后的用户群体日益扩大。千禧一代仍然是公司的核心用户，他们最喜欢把爱彼迎这个名称用作动词，例如，"要想去参加柯契拉音乐节，我只需要爱彼迎一下"（其意指住宿费用已不再是拦路虎，他们会想办法参加音乐节）。但随着公司用户群体达到稳定状态，用户便会像扇形一样散开，呈现出多元化趋势。用户的平均年龄为35岁，其中1/3已过40岁。房东的平均年龄是43岁，但是那些年过花甲的人才是公司增长最快的房东群体。

目前，爱彼迎的用户绝大多数是像55岁的希拉·赖尔登这样的群体。她是市场营销和客户服务经理，也是致力于策划个性化旅行的cmonletstravel.com公司的创始人，与丈夫和三个孩子居住在佐治亚州的阿尔法利塔。2013年，赖尔登到伦敦出差，计划让丈夫和11岁的儿子同行，但预订酒店耗费了不少时间，即便能预订到房间，假日快捷酒店每晚的房价高达600美元。因此她选择了爱彼迎，租住泰晤士河对岸某女房东的一套公寓，房价为每晚 100 美元。赖尔登的丈夫有点不情愿，她说："他喜欢美式浴室。"但那套公寓精致美观，老少皆宜，与同城酒店相比相当划算。

不久之后，赖尔登又把她 18 岁的女儿带到巴黎和阿姆斯特丹游玩，再次使用爱彼迎预订民宿。在巴黎，她们在左岸租住了一套"简朴淡雅"的单间公寓，地处宜人的居民区，打开双层门，映入眼帘的便是楼下的露天花园。她们在阿姆斯特丹租住了一套夹在两条运河之间的公寓，距离安妮·弗兰克故居仅十步之遥。这些公寓各有奇闻趣事，比如，巴黎房东艾哈迈德在床头挂着一幅 18 寸 ×24 寸的母子画像，但她们很喜欢这套公寓。赖尔登感慨地说："这让旅行乐趣无穷。"她回到阿尔法利塔——那是一个传统郊区，地势开阔，房屋式样千篇一律——周围的熟人都认为她荒唐可笑。"他们对我说，'你胆子可真大啊'。他们只想住进配有空调的希尔顿酒店，而我则更愿意住进民宿，和房东一起在花园闲聊，他能告诉我们镇上最值得一去的地方。"

寻找超级用户

爱彼迎最铁杆的用户当属那群全程选择租住民宿的人，他们环游全球，从一处民宿迁移到另一处民宿。几年前，大卫·罗伯茨和妻子伊兰·郭从曼谷搬到纽约市（郭是一名艺术家，罗伯茨是一位纪录片制作人，之前还从事物理学学术研究），他们决定每月用爱彼迎预订一次民宿，住在不同的社区。

媒体报道他们的经历后，他们获得了人们的极大关注，进而将入住民宿发展为一种潮流。科技博客 TechCrunch 将这种现象称为"旅漂一族的时髦崛起"，源于普里拉·古普塔执笔的一篇文章。古普塔曾是一位创业者，后和丈夫一起决定离开硅谷，摆脱激烈的竞争，携手环游世界。他们扔掉大部分家当，把余下的放进仓库，2014 年多数时间都到处游历，连续数周或数月驻足于哥斯达黎加、巴拿马、萨尔瓦多、瑞士、斯里兰卡、印度和克里特岛。

四年前，广告公司的创意总监凯文·林奇携妻带子从芝加哥搬到上海。公司指派他负责香港市场，他没有在当地租套公寓，住进他所谓的"外国人圈"，而是尝试用爱彼迎预订香港民宿，总共入住了至少 136 套房源，并赞许这种不断适应全新陌生环境的能力激发了他的"探险家"精神。他说："在我看来，你越了解一个地方，对它的关注反而越少。"

这些"时髦游牧民"都无法与迈克尔·坎贝尔和黛比·坎贝尔相媲美。2013 年，这对来自西雅图的退休夫妇整理好家当，把所需物品放进两个行李箱，其他的则存放起来，将其联排别墅租出去，双双"退隐"到欧洲。四年来，他们一直在租住爱彼迎的民宿。截至 2016 年秋，他们的足迹已遍布 56 个国家，住过的民宿总计 125 套。他们花了数月细致规划，最终才做出上述决定。经过核算，他们发现如果自己精打细算，那么他们"长期租用"

爱彼迎民宿的花销会与住在西雅图的日常开销持平。

为了落实这一计划，坎贝尔夫妇——迈克尔已经70有余，黛比也已年逾花甲——节省开支，每晚住宿费用的预算为90美元。尽管像在耶路撒冷这样的城市，住宿成本会大大上涨，但在保加利亚和摩尔多瓦这样的国家，住宿成本又会降低，两相抵销。如果仍居住在西雅图，他们每日都会在家里用餐，依照规律生活，比如晚餐后玩拼字游戏或多米诺骨牌。因此在上网寻找房源时，他们看重宽大的餐桌、设施齐全的厨房以及信号良好的Wi-Fi。这对夫妇一般会租住一整套公寓或者一套别墅，而不是只租住套房里的某个单间，而且房东通常都会款待他们。每次入住时间大约为9天，他们一般会提前三四周预订房源。他们常与房东讨价还价，但也不会过于杀价，只是出于节省预算的考虑。半个月的度假旅程，假如你的预算超出原计划20%，且一年365天夜夜如此，就像迈克尔指出的那样："老本都会花光，那就算不上度假了。"他还说道："我们不过是在别人家里过自己的小日子罢了。"

坎贝尔夫妇一路上结交了许多朋友：马德里的房东，他曾为他们拍下了手持圣诞贺卡的照片；塞浦路斯的房东，他曾为他们担任尼科西亚徒步向导，帮助他们通过边境检查站；雅典的房东瓦西里，他曾为他们准备希腊风情的烧烤，并带着迈克尔一起观看世界杯资格赛，让他坐在自己的摩托车后座上，疾驰驶向体育馆。

2015 年夏，坎贝尔夫妇正式出售了西雅图的房产。他们明白爱彼迎的全球租住计划并非人人适用，也不确定自己会继续旅游多久，但不打算终止计划。2015 年，这对夫妇应邀参加爱彼迎的年会，迈克尔在开幕式上说："我们并不富裕，但生活惬意，毕生都在坚持学习，强身健体，且心怀好奇。"他们在 seniornomads.com 网站上撰写了自己的旅行经历。

他们似乎引发了众人的共鸣。《纽约时报》上刊登了关于坎贝尔夫妇的文章，成为该报当周转发次数最多的文章。之后，坎贝尔夫妇收到了许多同龄人的来信，信中提到他们的成年子女都纷纷鼓励他们也去尝试。坎贝尔夫妇的大儿子决定携家带口，和父母一样到处旅行。他和妻子不仅自己休假一年，还为两个孩子办理了一年休学，全家去环游世界，自称"年轻游牧民"。

以用户好评数筛选搜索结果

当然，爱彼迎的整个生态体系和公司运作的关键在于提供房源的房东。该平台为旅行者提供了租住民宿的渠道，但是如果没有这些住所，公司就无法生存，爱彼迎也就荡然无存了。这是一项艰巨的任务：一座座城市，数以百万计的人愿意向陌生人敞开最私密的空间，经营自家民宿。

只让房东注册房源，出租空余房间远远不够，爱彼迎还得帮助他们努力提供舒适的住宿体验。爱彼迎因注册房源数量庞大而成为全球最大的住宿供应商，但它既无法掌控这些房源，也无法管理房东的行为。

三位创始人在创业之初就明白这一点，当时他们的重点在于说服人们在爱彼迎平台发布房源。著名的康奈尔大学酒店管理学院曾推出名为《康奈尔酒店季刊》的杂志，2012年底切斯基阅读了其中一期内容，从而着手更严肃地考虑爱彼迎提供的真实住宿体验。他意识到爱彼迎需要进行深度转型，从一家科技企业转变成好客的酒店企业。

不久之后，切斯基阅读了另一本书——《登峰造极：运用马斯洛理论壮大公司》(*Peak: How Great Companies Get Their Mojo from Maslow*)。该书作者是精品连锁酒店 Joie de Vivre 的创始人奇普·康利，他于1987年在旧金山一手创立了该公司。随后这家连锁酒店扩展到38家，主要集中在加利福尼亚州。2010年，他出售了多数股权。随着时间的推移，康利俨然成长为一位大师。他在书里阐述道，"9·11"恐怖袭击事件和互联网泡沫破裂后，他如何将心理学家亚伯拉罕·马斯洛的需求层次理论应用到企业和个人转型，从而最终拯救了自己的公司。马斯洛认为，要充分发挥人类的潜能，必须首先满足他们的身体和心理需求。在需求层次金字塔上，食物和水处于最底层，自我实现位居顶层。

从康利的作品中，切斯基既领悟到一些商业运作和酒店经营之道，又体味到一种志趣相投的理想主义情怀（康利表示，他希望每位客人入住酒店三天后离开时，能成为一个"更好的自己"）。他询问康利能否到爱彼迎跟公司员工讲讲酒店行业的模式。

康利结束讲座后，切斯基立即竭力游说他加入公司。他希望康利来董事会全职担任高管，引领公司步入酒店行业。康利时年52岁，刚退休不久，不想再签约任职。但他随后与朋友约翰·多纳霍交流了一番，转而同意出任顾问。多纳霍曾是亿贝的首席执行官，也是切斯基的创业导师。康利告诉切斯基，他每周可以为爱彼迎工作8小时。

康利出任前一晚，切斯基邀请他共进晚餐，并竭力说服他将工作时间翻倍，增加到每周15小时，但该计划不久彻底失败了。康利回忆道："那几周，简直就像每天工作了不止15小时。"2013年秋，他全职出任公司的战略主管。他透露最终担任这一职位的原因是，他沉迷于这种推动酒店行业大众化的挑战。"在许多方面，酒店行业已经公司化，你怎样才能让其回归本源呢？"

康利立即上任，竭力让爱彼迎的房东了解公司的管理体制和必备知识。他赶赴25座城市，发表讲话并介绍一些诀窍，帮助那些长期租住公寓的房客与房东进行沟通。他将酒店行业知识普及教育汇集起来，制定了一系列标准，开设博客、时事通讯和在线用户中心，便于房东在此学习和分享最佳实践。他还提出了一项辅导计划，由经验丰富的房东向新人在线传授待客之道。

爱彼迎的公司章程详尽阐释了这些窍门、规则和建议，其中包括：力求24小时内回复预订申请。接待客人前，请尽量确保他们的旅行计划符合你的"待客风格"。比如，如果房客想寻找事必躬亲的房东，而你却比较注重隐私，这或许就不是最佳搭配。房东应该经常与房客沟通，并提供详尽的说明。确定清晰明了的"入住规则"（比如你希望旅行者进屋脱鞋，或者不吸烟，或者不擅自进入后院使用电脑）。彻底清扫每个房间，尤其是浴室和厨房。床上用品和毛巾应保持洁净如新。想提供超出这些基本要求的服务吗？不妨考虑机场接机服务，留下欢迎便签，用鲜花装饰房间，或者在客人入住当天准备一杯葡萄酒或一篮果蔬。他说，房东要尽力做好这些事情，即便客人逗留期间自己并不在家。

诚然，康利和他的酒店管理团队只能建议或鼓励房东这样做，却不能强制要求他们这样做。在这方面，爱彼迎的评价系统正好发挥作用——双向评价机制便于房东和房客就住宿情况进行相互评价。这种匿名声誉评价已成为爱彼迎生态圈的重要组成部分：它们为房东和房客提供了第三方认证平台；为了有利于今后再次使用该订房平台，双方都希望提升自身声誉；评价机制是双向的，参与度也极高——超过70%的爱彼迎民宿都有评价记录，虽说存在"等级飞涨"现象，但还是对房东和房客有一定的约束力。对爱彼迎而言，该体系还有其他价值：作为一个调控杠杆，它能够鼓励和奖励房东的良好行为，并警示不良行为。

从最初创办公司开始，三位创始人就明白自己执掌着一种有用的工具：由他们决定房东上传的房源在搜索排名中的实际排位。这种权力是一项针对房东的强有力的奖励机制：那些为房客提供良好住宿体验且获得良好评价的人将会位列搜索结果的前列，更易受到房客的关注，进而提高日后预订的概率。如果房东出现以下情形：多次拒绝租房请求，回复得太慢，取消大多数订单，或者评价态度冷淡，爱彼迎则会给予有力的惩罚——降低搜索排名，甚至冻结账户。

如果房东表现良好，爱彼迎则会给予嘉奖。如果你在过去一年中达到了一系列评价指标，比如，一年中至少 10 次房客入住，并保持了 90% 或更高的双方评价率，其中 80% 是五星好评，很少或者在情有可原的状态下才取消订单，公司则会自动将你提升至"超级房东"资格。这意味着你的爱彼迎网页上会出现一个特殊标志，你的房源排名会靠前，你还能拨打贵宾服务专线，甚至有机会预览新产品和参加活动。这种奖励体系发挥了功效：爱彼迎平台上大约有 20 万名"超级房东"，尽管并非人人都十全十美，但这种头衔授予成为爱彼迎提升服务质量最有力的工具，虽说这对房东来说并没有实际约束力。

帮助别人获得更多收益

爱彼迎的数据显示，平均每位房东每年大约赚取 6000 美元，许多房东的收益远远超过这个数目。伊芙琳·巴迪亚将其短租业务发展为一个成熟的品牌企业。巴迪亚是一位极富魅力的前电视广告制作人，在布鲁克林购置了两套三层并排别墅。2010年，50岁的巴迪亚失业了，随后便开始从事房屋短租，现在已成为全职房东。80%的时间都有人预订她的房产，因而她赚取了"至少6位数"的收入，房客人数高达400人。几年前，她创立了自己的伊夫琳·巴迪亚咨询公司，为房东提供咨询服务，每小时收取95美元。当然也有其他类似的咨询公司，但她认为那些都是年轻人开办的，为货币化和提高效率出谋划策，可很少有人认为女性能够开办咨询公司："我记得有人曾问过，'先生，你知道有多少房东属于婴儿潮一代和年过40了吗？'"2014年，她开设了博客和公司简讯，自诩为"房东达人"，并与他人分享自己的心得体会。她每月还主持网上研讨会——奇普·康利曾受邀参与——并以39美元售卖房屋短租指南，管理一个名为"短租之旅"的脸谱网讨论组，会员人数达700多名。她一度成为爱彼迎房东群里的准名人，常常聚集所在区域的房东举行烧烤等活动，并于2016年在爱彼迎的洛杉矶全球房东大会上发表讲话。巴迪亚正策划推出新的课程，教授如何应对爱彼迎民宿的约会和租赁问题（她说，正如款待房客"就像与父母住在一起"，单身者也会将爱慕者引入家门）。

波尔·麦肯是一位52岁的悉尼超级房东。2012年他和男友前往纽约市度假，首次作为房客使用爱彼迎的短租服务。他们在字母城租了一套单间公寓，麦肯说房价不到酒店的一半，相当实惠，结果他们从原定的住宿3晚延长到12晚。这次旅行一切顺利，麦肯灵机一动，打算回到悉尼后将自己的公寓也上传到爱彼迎平台短租。回家后他将房屋装饰一新，拍照后随即上传房源，不到一天便收到了第一份订单。由于都是一些短租订单，他的公寓每月预订量为 28 天或 29 天。6 个月后，他用赚到的租金支付了街对面同一个小区里一套公寓的定金。

他估算如果出租这两套房产，除去成本外还能净赚 10 万美元。2015 年，他支付了第三套公寓的定金，卧室面积比之前的更大，他花了 6 个月来翻新。他算了笔账：5 年后退休之前，这些公寓的余款能全部偿清，到那时他就会成为终身全职房东。

在佐治亚州的萨凡纳，41 岁的乔纳森·摩根拥有三处住宅，6 套房源可供出租。他整体出租了其中一处住宅，出租了目前住所的三个房间，还出租了一套海滨度假屋的两个房间，用船将房客送到那里。他说，2010 年起自己开始从事房屋短租——"那时爱彼迎旗下只有 12 名员工"——受益于公司的发展壮大，他见证了其用户群体越来越老练精明。他说，初创时期，"没有人知道该做什么，也没有任何先例可循，'到底你是变态杀人狂？还是我是呢？'"为了吸引技术精湛的年轻旅行者，他花钱购买了年轻人喜好的东西：12 辆固定齿轮自行车、电玩游戏系统——"添置任何能够吸引目标群体的东西，因为那会使我们的生活更加惬意"。他收取的房租每晚从 70 美元到 99 美元，这还带来了一些无形的好处：他的前两任女友都曾是他的爱彼迎房客。

让产品提供安全感

随着爱彼迎房东群体不断扩大，一些为其提供服务的家庭手工业也蓬勃兴旺起来，其中包括更换床单、拍松枕头、寝前服务、密钥交换、物业管理、迷你吧、税务合规、数据分析等。他们被称作爱彼迎淘金热的"铁镐和铲子"供应商，好几十家类似的初创企业几乎都是由爱彼迎用户一手创办的，他们在短租过程中发现了这种需求、漏洞或者痛点，并着手筹集风险投资。以色列的一对双胞胎兄弟创办了一家名为 Guesty 的大型公司，为房东提供专业管理服务。房东授权 Guesty 访问他们的爱彼迎账户，负责处理预订管理、与房客沟通、更新房屋入住表，以及安排协调清洁工和其他本地服务商整理房间，而 Guesty 则会从预订费里抽取 3% 的佣金。总部位于旧金山的 Pillow 公司也提供一系列服务：上传房源、雇用清洁工、管理密钥，以及采用运算法则得出最佳定价。HonorTab 公司则就爱彼迎的短租业务提出了迷你冰箱理念。一位自称收益管理极客的人创立了 Everbooked 公司，他擅长数据分析，觉察到爱彼迎房东急需动态定价工具。

房东的最大烦恼之一就是如何将钥匙转交给房客。房东在家的时间和房客到达的时间很难调和，特别是在房东有全职工作、出门在外或者房客乘坐的航班延误等情况下。克莱顿·布朗毕业于斯坦福大学商学院，目前在温哥华从事金融行业的工作。2012 年，他开始使用爱彼迎的短租业务，每逢出差就会出租自己的公寓，不久便发现钥匙交接的过程最容易产生摩擦。他通常会安排清洁人员在清扫公寓的同时，客人随即入住，但有一次房客因飞机延误晚到，清洁人员便回家了，房客只好乘坐出租车去遥远的城郊找清洁人员取钥匙，这难免有点令人失望。布朗说："我由此开始在脑中盘算必须想出一个更好的方法，爱彼迎正飞速发展，这方面也许大有可为。"2013年，他和一个合伙人创办了一家公司，将本地咖啡馆、酒吧和健身房作为这一片区的钥匙交接中心。Keycafe公司在上述场所设立自助服务终端，房东每月支付12.95美元的无线射频钥匙识别费用（外加钥匙每交接一次收费1.95美元）。旅行者通过Keycafe应用程序远程获得唯一的访问代码，随后用于解锁自助服务终端。主人随时能获知钥匙交接的情况，而当地的这些场所也乐于参与其中，因为这会让更多的人光顾。

Keycafe不仅为爱彼迎用户提供服务，还提供遛狗服务和其他专业服务，但爱彼迎和物业管理服务占据了一半以上。Keycafe成为爱彼迎公司的重要"附加配件"：它是爱彼迎公司房东协助平台的官方合作伙伴，该平台集中了其他服务供应商，而布朗及其合作伙伴已经筹集近300万美元的风险资金，远远超过其他许多服务供应商。布朗说："随着爱彼迎公司的规模日益扩大，Keycafe的估值和整体规模也会相应增长，这在创业领域是众所周知的趋势。"

爱彼迎在创业之初就常在线下举办非正式的房东聚会，2014年则将这些活动列入正式章程，当年举办了房东大会，即第一届全球房东大会。2014年11月，来自世界各地的约1500名房东在旧金山齐聚一堂，参加了为期三天的会谈、研讨、餐会和其他深入体验爱彼迎公司文化的活动。他们从众多发言人那里听到了鼓舞人心的故事。他们倾听了切斯基的发言，切斯基登上讲台，邀请认同短租业务改变了自己人生的房东站起来，看着房东们纷纷起身，当时切斯基异常激动。康利也上台发言了，他建议房东们保存好自己的个性化徽章和礼品袋，因为五六年后，"这会成为全球最大的酒店行业盛事"。

2015年，在巴黎举行的房东大会的规模更大，这说明了爱彼迎公司对巴黎市场的首肯——巴黎是最大的房源和房客市场——这场为期三天的盛会在拉维莱特大厅举行，聚集了5000名房东和600多名公司员工。自费进场的与会者将会听到各种精彩的发言，比如生于瑞士的哲学家兼作家阿兰·德波顿和家政女皇藤麻理惠。他们还能聆听切斯基、杰比亚、柏思齐以及康利阐述创业灵感，从公司产品主管乔·扎德和工程主管迈克·柯蒂斯那里获知最新资讯。他们了解到公司管理方面的最新进展状况，法律和商业事务负责人贝琳达·约翰逊和首席公关主任克里斯·勒汉分别进行了介绍。太阳马戏团还奉上了精彩的演出。这场盛事是多方人员数月努力的成果，一切按计划进展顺利。第一天结束时，众多参会者散布于巴黎这座光之城的房东住所和餐厅，在1000个不同的地方同时共进晚餐。

2015年11月13日，激动人心的第二天庆祝日当晚，三位创始人安排了一场聚会，宴请多年来一直留在公司的首批40名员工。这场宴会被称为第十街晚宴，在巴黎第18区的一处爱彼迎民宿举行，旨在庆祝公司成绩斐然。切斯基白天已经发表了两场主题演讲，当晚周围都是朋友和家人，他很放松，终于有时间坐下来反思业已取得的成就。

晚餐开始后约1小时，杰比亚刚举杯祝酒，切斯基和在场其他人的手机便开始嗡嗡作响。据报道，几英里外的一家餐厅发生了枪击事件。起初，这看似一个孤立事件，虽然有点令人不安，但他们还是继续进餐。但不久更多恐怖袭击的新闻频频传来：巴黎的足球体育场（法兰西体育场）发生爆炸事件，第10区发生了大规模枪杀，巴塔克兰音乐厅有恐怖分子劫持了人质。这是一起由"伊斯兰国"组织谋划的恐怖袭击，此暴行导致130人身亡、400多人受伤。而当时爱彼迎有645名员工和5000名房东散布在巴黎全城进餐。许多人就住在发生枪击事件的区域，其中一群人就在法兰西体育场。

切斯基与安全部门负责人迅速取得联系，并在宴会地民宿的楼上浴室里成立了一个临时指挥中心。整晚他们都在室内，将家具清理到一旁，尽量在地上铺满枕头和毯子。漫长的一夜，他们清点了与会的每一位员工与房东，确认没人受伤。第二天，他们取消了其他庆祝活动，安排每一位与会者安全返回住所。周日，100名员工登机飞回旧金山。

2014年11月，距公司提出"四海为家"的口号已有4个月，切斯基回头联系了道格拉斯·阿特金。他说自己喜欢"四海为家"的理念，这会成为下100年公司的宗旨。但仍有一些迫在眉睫的问题需要解决：它到底意味着什么？如何进行衡量？如何实现？切斯基派阿特金外出调研另一个焦点小组，一探究竟。与另外300位房东和房客交谈后，阿特金得出下述结论：对任何地方都有归属感不仅仅是某一个特定时刻，而是人们在借助爱彼迎旅行时经历的一种转变。公司已经将其宗旨确定为"四海为家的转变之旅"，其内涵是：旅行者离开家时往往感到孤独，入住爱彼迎民宿后，他们会感受到房东的接纳与关怀，并随即产生一种如同在家中般的安全感。如此一来，他们会感到更加无拘无束，心情更放松，人生更圆满，整个旅行也会因此增色不少。

这是爱彼迎的行话，尽管在我们这些局外人看来，这些话听起来有些矫揉造作，但切斯基和阿特金认为这是助推爱彼迎腾飞的重要原因。对于这种愿景，最真诚的爱彼迎信徒有着一种宗教般的膜拜（在他的焦点小组探访之旅中，阿特金在雅典碰到了一位房东，在其卧室墙壁上喷绘有"四海为家"的标语。有位韩国房东甚至将她的名字改为一个意为"欢迎来我家"的韩语词汇）。但是，无论对于普通旅行者而言这是不是一趟"转变之旅"，爱彼迎已经获得了巨大成功。成就这家公司的，绝不仅仅是价格低廉，或者那些唾手可得、妙趣横生的住宅，爱彼迎触及了更大、更深刻的东西。

在这个人际疏远的世界里，展示一些人性或者接受某种人性表达的场合已经变得弥足珍贵，即便你和房东的交往不过只是交流过几条短信、享用过几条松软的毛巾或者收到过一个欢迎便签。这是另一个使得爱彼迎（以及其他短租服务）不同于所谓"共享经济"其他方面的元素。就其核心而言，爱彼迎涉及最亲密的人际交往——去陌生人家中做客，睡在他们的床上，使用他们的浴室（即使在由专业人士经营的民宿里仍然有这种一对一的亲密关系）。这恰恰是如此多人极度反感爱彼迎，从来不想使用这种服务的原因。但也正是这一点，爱彼迎才显得独一无二。即便你在 TaskRabbit 这样的跑腿网站雇一个人帮你修复泄漏的煤气，或者默默地搭乘一辆配备空调的黑色轿车前往机场，这种"共享"——将自己最私密和最具忌讳的个人生活展现给陌生人，大大超越了人际交往的范围——并不存在。更重要的是，这正是爱彼迎不同于优步、Lyft 和其他任何共享经济同行的地方。我与 Greylock Partners 风险投资公司营销合伙人艾莉莎·施赖伯聊天时，她用极其精练的语言总结了这种区别："优步是一种交易，爱彼迎则更人性化。"

不幸的是，正如爱彼迎心知肚明的那样，我们随后发现，尽管出发点是好的，但"人性"往往令人失望。好心不一定有好报。

第四章

原则4：发现问题快速优化

> 我们的产品就是真实的生活。
>
> ——布莱恩·切斯基

当然，人性并非白璧无瑕。尽管爱彼迎做出了近乎理想主义的承诺，但会滋生一个显而易见的问题：如何才能让这些陌生人住在一起，而不会出现什么纰漏呢？

毕竟，世界上总有一些品行不端的人。公司的核心业务是让人们将家门钥匙交给一个素未谋面的人，这种服务对这些坏人最具吸引力。这类人如果涌入爱彼迎平台会怎样？在某些情形下，偶然的疏忽会造成意想不到甚至严重的后果。虽然上述情况很少发生，但它们已成为房屋共享创新领域的一大问题，并且对爱彼迎公司影响巨大。

比如，2011年EJ家里惨遭洗劫。爱彼迎从中学会的第一个重要教训就是如何处理背信弃义的极端事件，而信任是公司一再倡导的文化与生存基础。但是人们可以以多种方式在爱彼迎平台上干坏事，这些年来，一些真实鲜活的事件已经成为媒体的爆炸性新闻。2012年，斯德哥尔摩警方破获了一起用爱彼迎公寓进行卖淫的案件。2014年，在纽约发生了一起广为人知的事件，房东阿里·泰曼本认为将自己位于切尔西的公寓租给了一个前来参加婚礼的家庭。结果，他出城前返回家中取行李，却发现一群超重的人正如火如荼地举办性爱派对。几星期前，初创公司执行官瑞秋·巴西尼出租了其地处纽约市东村的公寓顶楼。回到家里，她却发现家具被恶意毁坏，翻倒在地，地板、墙壁和家具上随处都是用过的避孕套、咀嚼过的口香糖和其他碎屑，甚至还有人类粪便之类的污物。

2015年春，马克和斯塔尔·金——一对居住在加拿大卡尔加里市的夫妻，他们的两个孩子尚年幼——将其在市郊圣人山居住区的一套三居室租给了一位男士，该男士声称和几位家人前来参加婚礼。房客短租期快结束前，邻居打电话告知这对夫妻，警察正在他们家里进行调查。金夫妇马上回家，结果发现家里一片狼藉，警察后来说这里举办了一场"毒品狂欢派对"。与发生在旧金山的EJ事件相比，这次的破坏程度有过之而无不及：家具被恶意破坏并污损，斯塔尔的艺术作品毁于一旦，房间里随处可见避孕套、酒渍和烟蒂，垃圾堆积成山。地板上到处都是碎玻璃，食物遍地散落，天花板和墙上沾有烧烤酱和蛋黄酱，甚至斯塔尔的鞋里还塞有鸡腿。因为残留着未知液体，警方封锁了房子，贴上生物危害标志，穿着白色工作服并戴着面具入内检查。马克在接受加拿大广播公司采访时说："我们更希望将房子一把火烧光，这样我们的心里会好受一点。"邻居们后来透露，这对夫妇前脚刚走，一辆巴士就在他们家门口停下，从车上下来大约 100 人。整个家的护壁板都需要剥离下来，地板需要重铺，墙壁需要重新粉刷，天花板也要重新处理，重新装修耗时 6 个月（一切费用由爱彼迎房东权益保护金支付）。马克·金说："房里的物品都损毁殆尽了。"

这些派对已经持续多年，组织者们使用各种网站搜寻出租房，比如租房网站克雷格和 HomeAway 等。爱彼迎不断发展壮大，提供了一个操作简单、界面友好的平台，数以百万计的房源不再仅限于度假房，因此也就成了一些不法分子浑水摸鱼的场所。

对用户的回复一分钟也不能耽误

2016 年 7 月，美国职业高尔夫锦标赛将在巴特斯罗高尔夫俱乐部举行，当时该球场已有 121 年历史，位于新泽西州斯普林菲尔德市，距纽约市西区约 30 千米。芭芭拉·拉芙琳（化名）与丈夫和四个孩子一起住在近郊，他们考虑在赛事期间出租自己的房间。拉芙琳一家夏季大多在泽西海岸的度假屋里度过，如今一个久负盛名的全国性赛事将会在他们居住的区域举行，进而刺激住房需求，商机一触即发。

拉芙琳最近恰好在为即将启程的纳帕谷之旅做攻略，因此一直在浏览短期租赁网站，对网站上那些外观精美的房屋心动不已，自己也想试试。她拍摄了一些照片，将自家这套维多利亚风格的四室一厅房源上传到短租网站。这套房屋外带宽敞的后院和一个游泳池，每晚标价2000美元。（拉芙琳说："这对我们这个镇来说不算便宜，除了有居住需求的高尔夫球手，谁会愿意花2000美元租郊区的房屋过夜呢？"）她收到了一些预订请求，但因心存疑虑而拒绝了大部分预订，比如有一位18周岁的中学生，想在这里举办高中毕业派对。不久她收到了另一个请求，由一个名叫凯的人发出，他是一位活动协调员，网上用户名为"毛绒"。凯说他正在与《高尔夫文摘》杂志的编辑合作，希望在周末租住拉芙琳的房子，还准备于周六下午在泳池边为五六十名高尔夫球手举办"开幕派对"。

拉芙琳认为这项租房申请颇具吸引力。凯只租住三晚，同意每晚单价2000美元，周六下午还有什么比高尔夫球手更合适的房客吗？"毛绒"这个用户名有些古怪，但他有一个经过验证的身份账户，这是爱彼迎进行身份验证的方法。即便如此，出身于律师世家的拉芙琳还是采取了额外保障措施：她拟定了一个附加合同，要求"毛绒"及其他入住的六名人员出示驾驶证。周末赛事开始前几天，凯按照合同寄去了驾驶证复印件，其他六人也在附加合同上签了字并寄回给拉芙琳，双方通过爱彼迎完成了预订和房费支付手续。

为了安心，拉芙琳又用谷歌查询了驾驶证上的名字，进一步确认他们是合法公民。他们的身份看似真实可信，领英及其他网站上也有这群人的专业背景简介。但令拉芙琳颇感奇怪的是，他们的网上简介只字未提高尔夫或《高尔夫文摘》。就在这些房客按计划到达的前一天，她给凯打了电话，说她对高尔夫赛事知之甚少。凯安慰拉芙琳说，他会发给她一个对此有详细解释的链接。那天他们聊了三次，她一直提醒他发送链接，每次他都说好的，但她始终没有收到任何链接。

第二天，拉芙琳按计划和丈夫一道从海滨别墅驱车前往郊区住所，与凯和他的厨师见面并交接钥匙。凯来电说，他在布鲁克林与律师会面，会迟到一会儿，但厨师已经到了，向拉芙琳递交了他本人驾驶证的复印件，并保证在她家举办的只是小型聚会而已。凯再一次来电说他仍在布鲁克林，在机场等候其他房客，因此拉芙琳只得把钥匙交给厨师。当晚拉芙琳和丈夫就驱车回到了泽西海岸的海滨别墅。

拉芙琳拜托她的邻居留意这场高尔夫派对，第二天早上，一位邻居发来了一张照片，拍到家具出租公司的卡车停在她家门外的车道上，她回复说没关系。

几个小时后，另一位邻居致电拉芙琳。"我本无意打扰你，一切看似正常，"她说，"但住进你家的那几个人看起来不像高尔夫球手。"根据她的描述，这群人衣着暴露，穿着泳衣。拉芙琳立即给凯打电话询问这一情况。凯说邻居刚刚看到的可能是尚未离开的工作人员,而高尔夫球手还未到达。尽管仍心存顾虑,但拉芙琳还是相信了他。不久,邻居又打来电话说越来越多的人来到她家,所有人看起来都一样:女人们穿着比基尼、沙滩裙和高跟鞋,男人们则穿着泳衣,年龄在18岁到25岁。

拉芙琳再次打电话问询,这次凯的说法又变了。他说,他的客户为举办不同的派对各租了一套住宅,最后一刻他们决定互换派对主题。拉芙琳的家里此时正在进行一场家庭派对,两个派对的主要组织者是一个名叫吉恩·曼努埃尔·瓦尔迪兹的人,他也在提供驾驶证的六人之中,准备在这场派对中向女友求婚。

听到这里,拉芙琳和丈夫觉得有点不对劲,于是他们立即钻进车里,再一次从海滨别墅往回赶。一路上邻居们不断地向他们发送照片,并通知他们越来越多的人来到住所,年轻的男男女女成群结队地拥入她家。拉芙琳到达之前,社区的街上停满了汽车,成群的派对参与者只能步行进入。她穿过车流,快要到达家门口时,专业保安人员在车道的尽头将拉芙琳夫妇拦了下来,正对准备进入的人员进行身份核对。这些保安人员受雇于这场狂欢派对的组织者,他们根本就没听过什么高尔夫球手派对。拉芙琳家的车库是第二道检查站,后院有三名唱片节目主持人、一个酒吧、一个烧烤场、六个大型度假式小屋,以及300—500名狂欢者。"现场就跟疯了一样。"拉芙琳说。

拉芙琳不能进去,因为这样做会违反租赁条款。多亏他们的邻居打电话投诉，警方才及时赶到在场，他们利用职权进入她家，终止了派对，花了两个小时才疏散完参加派对的人。拉芙琳找吉恩·曼努埃尔·瓦尔迪兹讨说法，却被告知他出去吃饭了。拉芙琳说："当时我说，我认为租赁合同上的人员并未到场。"她的主要联系人凯也消失得无影无踪，而她与瓦尔迪兹又素未谋面。最后一位房客离开后，拉芙琳夫妇和一名警官一同入内评估损失，还好损失不严重——只损坏了一个烛台、一把藤椅，泳池甲板上出现了一些裂缝。因为现场没有一个房客返还钥匙，这对夫妇只好叫来一个锁匠换锁。

夫妇俩后来得知，活动组织者是想利用他们家举办一个叫作 In2deep 的嘻哈派对。这次狂欢在 Instagram 和 Eventbrite 两大网站宣传了数周，大肆鼓吹提供 VIP（贵宾）包房服务的"私人豪宅泳池派对"、"前 100 名报名的女士享受 VIP 香槟"，由唱片节目主持人专门播放嘻哈乐，专设激情舞池并配有非洲动感音乐。宣传广告上赫然写着："要么在更衣室里装扮时髦，要么在泳池里尽情嬉戏。"每张入场券要价 15—25 美元，付款后就会收到派对地址。

尽管房屋受损较轻，但拉芙琳仍极其心烦意乱。她有一种上当受骗的感觉，度假热情荡然无存，同时也为惊扰了邻居而愧疚不已。她内心还很恐惧，因为她看到一些派对参加者在 Instagram 上发帖子，其中有人写道："昨天本来一切顺利，皆大欢喜，但白衣魔鬼怎会让上帝的孩子们得偿所愿，但请大家放心，惊喜马上会再次到来。"她担心那些愤怒的房客会回来报复。拉芙琳很希望能抓到"毛绒",让他付出代价。他辜负了拉芙琳夫妇的信任,欺骗了他们。

高尔夫球赛事结束后的周一,拉芙琳立即致电爱彼迎。她说自己花了45分钟才在网页上找到客服电话,随即又等了15分钟接通电话,向客服经理讲述自己的经历。与她通话的客服说,此事要向个案经理汇报,个案经理会在24小时内与她联系,同时还鼓励拉芙琳提供更多的细节。可是三天后仍无任何回音,于是她又发了一封邮件询问何时能收到回复,并提供了更多的细节:描述了事件的起因和经过,有近40张事件照片的Dropbox网站链接,她是从Instagram网站收集到这些照片的。拉芙琳要求爱彼迎的相关人员联系她。

又过了五天,还是杳无音信,她再次给爱彼迎公司发送邮件,追问为何耽误这么久。第二天,爱彼迎的经理凯蒂·凯斯向她发来诚挚的问候("谢谢您将该情况告知我们,我对您的遭遇深表遗憾"),并为未及时回复致歉。凯蒂建议拉芙琳充分利用房东保障金计划——它是爱彼迎为房东设立的房产损失赔偿项目,并向她详细解释了递交申请的好处和具体程序。拉芙琳告诉凯蒂,她关心的并不是自己的财产损失,而是如何处理一些亟待解决的问题。她想知道爱彼迎是否了解这些驾驶证的来历,是否核实过这群人仍在利用爱彼迎租赁其他房源,是否深入调查过"毛绒"究竟是如何通过身份认证的。两天后,拉芙琳还是没收到任何邮件回复，只得再次给凯蒂发邮件，说此事已经过去两周，爱彼迎却一直未回应她的疑惑。她还说当地一家电视台的记者已致电她，想对此事进行报道，这一消息传遍了整个城镇。

两天后，凯蒂回信说爱彼迎不能泄露个人信息，但如果拉芙琳与当地执法部门合作，这些官员可以向爱彼迎的执法联络部发送电子邮件，正式请求他们提供有关"毛绒"的身份信息。她再一次建议拉芙琳向房东保障金计划递交赔偿损失的申请。她已收悉照片，但考虑到赔偿的情况，爱彼迎还需要房东本人在房东保障金计划的申请表上逐条列明损害赔偿和相关收据。她在邮件中写道："我明白这次发生的事情令您非常失望，我们会尽最大努力协助处理，例如向房东保障金计划递交您的材料。"

经过多次磋商，拉芙琳向房东保障金计划提交了728美元的赔偿申请，并重申了自己的疑虑。凯蒂告诉拉芙琳，遗憾的是，爱彼迎公司的隐私政策禁止披露有关"毛绒"账户的任何信息，但如果当地的执法部门想调查，他们可以联系爱彼迎的执法联络部展开联合调查。她还说，自己会尽全力通过房东保障金计划为拉芙琳争取权益。

拉芙琳对交口称誉的房东保障金计划毫无兴趣，只希望爱彼迎能够核查"毛绒"的身份，阻止他再一次通过此平台招摇撞骗。她和丈夫想起诉"毛绒"，但苦于手上没有任何关于他的个人资料。他们认为当地警方并不会像凯蒂建议的那样受理该事件，警方不会花费精力处理这种小事。拉芙琳希望爱彼迎能助她一臂之力，至少能得到电话回复。"可是他们从不与我通话联系。"她说。

与此同时，她发现同一时间在短租网站 VRBO 里，自己还收到过一位名叫克里斯托弗·塞林格的人发送的短租请求，此人也是持有虚假驾驶证的人员。"这些人一次又一次地出来行骗，爱彼迎却对此不闻不问，"她埋怨道，"他们甚至都不来电询问一下情况。"

电子邮件的往来一直持续着。拉芙琳向房东保障金计划提出索赔申请后，另一位名叫约旦的爱彼迎客服代表回复了她，称他留意到她从未按先前邮件中的说明去问题解决中心进行咨询。

爱彼迎依靠调解中心来处理房东和房客之间的所有争端，该中心是网站上的信息平台，各方可以通过要求额外赔偿来尝试自行解决冲突。如果最后还是没有达成一致意见，各方则可以要求爱彼迎介入解决争端。拉芙琳很困惑——之前没人向她提及调解中心这一功能——但她遵照约旦的建议，递交了详细申请，要求赔偿 4328 美元，并逐条列明：728 美元的财产损失赔偿金、350 美元的外景维护费，以及他们夫妇俩 10 小时的法律咨询费 3250 美元（以"你欺骗了我们"开头，她直接给"毛绒"写了一份有 900 个单词的声明）。

几周之后，凯蒂回信通知拉芙琳，爱彼迎付清了 728 美元的赔款。令拉芙琳困惑的是：她要求赔付 4328 美元，可自己不仅没有从"毛绒"那里收到回信，也没有得到任何其他赔款。她还是没有收到任何来自爱彼迎的回电。她又向凯蒂咨询此事，凯蒂在回信中提到她并不知情，因为房屋赔偿费用总计就是 728 美元。"您能详细解释一下 4328 美元的赔偿金是如何算出的吗？"她在信中问道。拉芙琳再一次回信解释道，其余的赔偿金主要用于支付法律咨询费。她再次追问"毛绒"是否回应了此事，以及爱彼迎采取了何种措施"来处理他的欺诈行为"。

三天后，凯蒂在信中回复说"毛绒"并未回复，他的账户已冻结，房东保障金计划不会支付任何法律费用，所以爱彼迎的最终赔偿金里不包括这一部分。至于拉芙琳提出的外景维护费，她乐于通过房东保障金计划处理这笔额外赔偿，并请拉芙琳将发票寄给她。

此事彻底激怒了拉芙琳。她想得到的结果无非是让爱彼迎找到"毛绒"，阻止他再次骗人。她有"毛绒"的联系信息，还收到那些被偷驾驶证实际持有者的来信，因此希望爱彼迎有关人员能来电和她商讨。然而，现在她却陷入了无休止的怪圈，纠缠于房东保障金计划的赔偿问题。最后，拉芙琳拒绝接受赔偿：为了确认此事，爱彼迎要求收款人签署一份表格，说明爱彼迎今后在预订事务方面免责，而拉芙琳拒绝签名。她认为这一文件"不合情理"，爱彼迎的处理措施有包庇"毛绒"之嫌，因为公司拒绝向她披露此人的信息。她在发给爱彼迎的邮件里写道："'毛绒'有可能再一次敲响我家的门，或者再一次租下我家的房子，而我却对他的身份一无所知。"爱彼迎发送了几封邮件，要求她签名确认，之后一位主管与她联系，表示她不需要签字，公司已经授权支付271美元外景维护费（而拉芙琳实际申请的外景维护费为350美元）。这名主管还说，赠送了100美元的优惠券，她可以在今后的短租预订中使用。

负责爱彼迎公司北美信任与安全运营团队的主管艾米丽·冈萨雷斯表示，公司对拉芙琳的回复延误是"不可接受的"，该团队正在积极寻找对策来确保此类事件不再发生。她还解释道，由于拉芙琳的法律咨询费不涉及任何具体的法律行为，他们无法支付这笔费用。公司按章程付清了赔偿费用，永久删除了"毛绒"的账户，并向拉芙琳保证账户确已删除。此外，公司还核实过她随后收到的"克里斯托弗"预订请求不是来自同一位"克里斯托弗"，这一姓名曾在假的驾驶证上出现过。

爱彼迎的全球危机沟通负责人尼克·夏皮罗表示，公司的拖延回复是"绝对不能接受的"。他还指出，爱彼迎平台上的工具为房东提供了多种渠道，用于评估潜在房客和做出自我判断。比如潜在房客的评价数量、他们是否通过身份验证，以及他们进行沟通的方式等，这些因素有助于房东评估潜在房客，察觉潜在的麻烦。夏皮罗指出，在这个案例中，房客账户是新建的，没有任何先前评价，他明确表示打算组织一次派对，此事也得到拉芙琳的同意。他说："天下没有什么万灵丹，这就是我们设计一个多层防御体系的缘由。"他补充说，如果预订房东民宿的房客本人没有前来，而其他人出现了——"拉芙琳事件"便是如此，凯没有露面，来的却是厨师——房东可以而且应该打电话告知爱彼迎，当场取消订单。拉芙琳则坚持认为，"毛绒"通过了身份验证，因此她觉得不会有什么问题："这说明确有其人。"我把这种想法告诉冈萨雷斯，她回答道："你描述的是我们正在努力改进的事情。"公司正在开发身份验证的增强版，并计划在不久的将来推出。

承认产品不完美，制定紧急反应章程

2015年夏发生了另一起事件，《纽约时报》对此做了详尽报道：一位名叫雅各布·洛佩兹的19岁少年，从马萨诸塞州来到马德里，入住爱彼迎提供的民宿。据《纽约时报》报道，房东将他锁在公寓里，强迫与他发生性关系。他说变性女房东胁迫他同意。

据报道，洛佩兹当时发短信向他的母亲求救，他的母亲立即致电爱彼迎，与她通话的客服却说，他们不能向她透露马德里房源的地址——他们需要马德里警方直接来电，要求他们提供地址信息；还说客服人员也不能直接打电话报警，她必须自己报警。客服人员为洛佩兹的妈妈提供了马德里警察局的电话号码，但根据《时代周刊》的报道，电话接通后对方用西班牙语提示让她留言，随后就挂断了。

与此同时，公寓里面的事态业已升级。据洛佩兹描述，他遭到强奸。他告诉房东，朋友在附近约他见面，并且知道他现在的地址，如果他没有在约定的时间露面，朋友就会来找他。他最终得以从公寓脱险（据《时代周刊》报道，房东否认了这些指控，说双方当时是你情我愿，还说洛佩兹有跨性别恐惧症。报道里称马德里警方拒绝发表评论，而房东则表示警方已经询问过她，她预计自己不会被指控）。

与 2011 年 EJ 的公寓惨遭洗劫事件类似，这一事件一经报道便引起广泛关注。洛佩兹在《今日访谈》节目露面。Cosmopolitan.com 网站上的头条新闻写道："如果你曾在爱彼迎的民宿里待过，请务必读读这个可怕的故事。"爱彼迎迅速进行改革：更新了公司章程，授权员工可在紧急情况下直接联系执法部门。爱彼迎还建议旅行者在个人资料中加入紧急联系人的信息，紧急联系人有权在紧急情况下了解任何信息，还让旅行者更易于与朋友和家人分享行程，尤其是用移动设备进行沟通。

但是，这种情况引发了一个问题，即为什么在公司创办 7 年后的 2015 年，公司章程还没有规定在紧急情况下公司员工可以立即直接联系执法部门呢？"以前，我们有些羞于联系执法部门。"当我问及此事时，切斯基坦言。他说，公司曾制定过应急反应章程，对此专家建议公司最好不要介入其中，而是要让受害者直接向执法机构寻求帮助，从而避免事态升级到受害者始料未及的局面。但切斯基表示，爱彼迎员工从未料想到会发生此类事件。切斯基说："我们在制定章程时遗漏了一些细节问题。"他还表示，事后他们了解过案件详情，在洛佩兹事件中，未将案件电告执法部门的原因在于"当时无法断定此事属实"。

爱彼迎的回复意在强调此类事件发生的概率极低，一旦发生往往较为严重。爱彼迎在洛佩兹事件后发布的一项声明里说："性侵犯是一个全球性问题，但对于我们而言，客户的安全最为重要。"声明继续说道："那个周末，超过 80 万人入住爱彼迎民宿且平安无事。仅在西班牙的房客就有 7 万人，但即便只出一个事故也是不能接受的。""没有人能十全十美"已是耳熟能详的老调，"但尽善尽美是我们所努力奋斗的目标"。

安全对于爱彼迎的业务至关重要，远远超过"归属感"。可以说，身体不受伤害、财产不遭损坏是马斯洛体系的根基。爱彼迎本身没有任何房产，委托房东热情款待房客、确保房客安全就是一项真正的挑战。切斯基说："我们的产品就是真实的生活，我们不生产任何产品。"因此，他说一切不可能十全十美。"你最终打造的用户平台不可能永远风平浪静。"但他认为爱彼迎是一个"彼此高度信任的平台"（他说，相比之下，"街上的现实世界"中的信任度反而较低），而一旦发生状况，公司总是试图迎难而上，尽力把事情处理好。他还说，任何情况下，"我都希望我们做得比大家期望得更好。我想大多数时候，人们都会说我们可以做到"。

针对这些头条新闻的抨击，爱彼迎最有力的防守措施是：尽管这些事件备受瞩目，但极其罕见。公司解释说，2015 年有

4000万名房客入住爱彼迎民宿,超过1000美元财产损失的事件的发生率仅为0.002%。"我们希望这类事件的发生率为零,而不是0.002%,但这是一个重要的数据。"夏皮罗说道,他主要负责发生事故时应对媒体的口诛笔伐(虽说这一职位听起来颇有压力,但夏皮罗曾是奥巴马总统的新闻秘书助理和中央情报局副参谋长)。公司称,截至2016年初的1.23亿例短租订单中,出事率不到1%。

当然,尽管酒店犯罪和安全问题的相关数据难以查证,但酒店也是恶性事件的频发场所。一些专家估计,大城市的酒店每天都有犯罪事件发生,偷盗事件最为典型。据美国司法统计局的全国犯罪受害调查统计,2004—2008年,酒店里发生的暴力伤害事件和财产侵害事件各占0.1%和0.3%。

对于这些统计数据不能一概而论。旅游新闻网站Skift的联合创始人兼编辑杰森·克兰佩特指出:事实上,新闻网站未曾报道过发生在爱彼迎民宿的恶性事件,而头条新闻却常常铺天盖地报道酒店的类似事件。但他指出,这些恶性事件可能会给爱彼迎的公共关系造成严重损害,房东会因此而灰心丧气。"如果你的公司依托他人的资产开展业务,便会面临这种挑战。"

用户是产品最重要的资源

在公司刚起步时,如果发生恶性事件,会吓跑投资者。作家蒂姆·费瑞斯近期推出的播客节目里，风险投资家克里斯·萨卡回忆道，达成投资意向之前，他曾对爱彼迎的创始人说过这番话："各位，如果有人在这些住所遭到强奸或谋杀，你们的双手会沾满鲜血。"萨卡说，2009年，当时公司的主要业务是让房东将家里的空余房间租出去。他说投资爱彼迎公司让自己"噩梦缠身"（他投了数亿美元。他后来说："我彻底错过了更好的投资机会，随后也证实了这是一个代价昂贵的选择。"）。确实，2011年的EJ事件对爱彼迎公司可谓致命一击，打破了相互信任，触发了每位用户心中最可怕的噩梦，也让投资者们提心吊胆，害怕新兴用户群对这家初创公司彻底失去信心。

事实上，当时公司对如何处理危机紧锣密鼓地忙碌了几周——资深员工对那段煎熬的日子仍历历在目，整个团队在办公室吃住了好几天——那段时间至关重要，公司不仅筹划了房东权益保证基金会和全天候热线这样的新措施，还创建了专门的信托和安全部。这一部门与客户服务团队并行运作，专注于安保、安全和应急处理等问题。

公司迅速成立了一个由250人组成的信任与安全部门，分设在俄勒冈州的波特兰、都柏林和新加坡三大运营中心。这一部门细分为运营团队、执法联络团队和产品团队。按照部署，防御小组采取积极主动的措施，提前觉察可疑活动，现场检查预订的民宿，探寻骗子或不良用户的蛛丝马迹，而应对小组则负责处理发现的问题。产品团队包括数据科学家和工程师：数据科学家建立行为模型，帮助辨明订单是否存在高风险，比如房客是否会在此开狂欢派对，或者实施犯罪等（完成预订后有一项可信度得分，类似于信用评分）；工程师使用机器学习来开发分析订单的工具，帮助检测风险。公司还聘请了一些专业人士，其中包括：危机管理和受害者权益保障专家，帮助干预和化解紧急状况；分析索赔请求的保险专家；银行和网络安全领域的资深人士，帮助清查付款欺诈。

公司将恶性事件分级编码，从一级——付款欺诈、信用卡盗用、信用收回等（大多数情况下，这类受害者都是爱彼迎公司），上升至四级——通常是房东或者房客的人身安全岌岌可危。定级体系有助于将事件快速归类处理。在处理过程中，执法参与小组将与当地执法调查部门合作，而政策小组则迅速确定应对措施。

爱彼迎公司的产品独具特色，确保开始预订时不会出现状况：爱彼迎的创始人从创立公司起就创建了评价系统，这仍然是声誉评估最有效的工具之一（旅行者只有在支付住宿费用后，才能完成评价，所以用户不可能让朋友捏造几条评论，进而轻易获得好评）。在美国，爱彼迎对所有用户进行背景调查，但2013年，公司采纳了身份验证核查技术，改进后的验证过程要求更加严格的身份证明，并需确认用户线上和线下的身份契合。房东和房客有权选择只与经过身份验证的用户进行交易。在双方协商的过程中，只有房东确认接纳房客并完成订单后，才能获知个人信息

（如电话号码和地址），这样能避免双方线下交易。

爱彼迎还专门成立了一个委员会，成员包括联邦应急管理署（FEMA）前副行政长官、国土安全部前助理部长、美国特勤处前专家、脸谱网安全主管、谷歌网络安全顶级专家、预防和解决家庭暴力专家。该委员会每季度举行一次会议，讨论爱彼迎如何更好地预防恶性事件发生。

即便采取了以上防范措施，仍需要进一步改进。"毛绒"不知以何种方式通过了身份验证系统。爱彼迎客服代表本应迅速向芭芭拉·拉芙琳致电，表达同情，和善地解释公司为何让执法机构来处理针对不良用户的诉讼。当她拨打爱彼迎紧急求救电话时，公司本不应将其搁置15分钟，也不应让她耗时45分钟才在爱彼迎网站上找到求救号码。要在爱彼迎网站上搜寻客服或紧急电话号码，这一过程的确让人烦心，因为至少直至撰写本书，我发现电话号码还是很难找到。夏皮罗说，这背后有些原因：如果真正出现生命安全紧急情况，各方应该立即拨打911，这样更有效。他还指出，爱彼迎的电话号码通过谷歌搜寻可以查到，公司安排了相关人员监控来自推特和脸谱网的求救电话。过去公司曾在网站上发布过客服电话号码，但目前网站正在进行基础改造，以便立即回复非紧急呼叫，改造完后电话号码又会显示在网页里，但现阶段只有进入在线帮助中心，才能找到电话号码。

用户受到伤害，爱彼迎先赔100万美元

不良用户是一大症结。那么，由民宿本身的安全问题引发的事故——那些意料之外的事故呢？2015年11月，洛杉矶作家扎克·斯通在网络杂志《媒体》上发表了一篇令人心痛的文章，讲述了他的父亲在得克萨斯州奥斯汀的一处爱彼迎短租屋内悲惨死亡的经过。先前，他们一家人曾在奥斯汀共度假期。他父亲在后院荡秋千时，树枝断成两截，砸在他头上，造成了致命性的脑损伤。斯通用详尽的细节描绘了当时可怕而悲惨的景象，在文中他还透露了另一个与爱彼迎相关的死亡事件。2013年，一名加拿大女性死在位于中国台湾的爱彼迎短租房中，死因是热水器出现故障，满屋都是一氧化碳。两处民宿都存在险情：中国台湾的公寓里没有安装一氧化碳检测仪，而奥斯汀短租房后院的树两年前就已经枯死了。

爱彼迎声称在法律上不对此类事件承担责任，它通过网站发布了非常清晰的免责声明："请注意，爱彼迎无法掌控房东的行为，对此免责。房东倘若无法履行职责，爱彼迎会中止其租房业务，或者将其账户删除。"但一旦发生此类事件，该谁赔偿损失呢？虽说凡事都有例外，但大多数房东的保单不包括商业行为，而大多数保险公司把在爱彼迎平台出租住宅视为商业行为。就斯通的案例而言，奥斯汀民宿的房东恰好持有一份涵盖商业行为的房东保单，斯通一家与保险公司达成了和解。针对加拿大女子一

氧化碳中毒事件，据斯通报道，爱彼迎向其家属赔偿了200万美元（爱彼迎拒绝对此发表评论）。

切斯基说，这些事件让公司"痛心疾首"。"我对他们深表同情。我有个理想化的想法：去创造一个更好的世界，人们在那里会生活得更好。但有时事与愿违，生活中会出现拦路虎，更免不了发生悲剧。"他称，公司试图从各种经历中不断完善自我。"你有责任学会尽你所能确保此类事件不再发生。"

我曾与扎克·斯通谈起他父亲的离世。他说："我认为问题的关键在于明确哪些问题是可以防范的，房东应该采取哪些措施避免悲剧再次发生。我认为完全可以防范这一事件。"他认为，为了推销自己的短租房，房东故意张贴了秋千的照片。而爱彼迎应该具备审核类似状况或者排查潜在风险的能力。他说："我建议爱彼迎在刊登新房源时采取更加谨慎的态度。"他还指出，正是因为自己在爱彼迎平台有过许多良好体验，他才提出这样的建议。"我现在29岁，在一家初创公司工作，身边很多朋友都是爱彼迎的房东，他们在纽约的公寓的租金翻了一番，所以他们可以像艺术家一样四处旅行。"他说，"即便我的故事和经历不是最特别的，至少和其他短租故事一样意义重大。"

2014年，爱彼迎开始向所有房东提供100万美元的间接责任保险。这意味着如果房东的原保险公司拒绝这项索赔，爱彼迎的章程将会启动。一年后，爱彼迎提供的保险成为优先保险。在20多个国家，爱彼迎房东在第三方索赔人身伤害或财产损失的情况下，可以最高获得 100 万美元的责任赔偿金，即使他们投保的房东保险并不适用于商业行为，或者没有投保房东或房客保险。

毫无疑问，房产安全问题是酒店行业、爱彼迎以及其他短租平台极其令人头痛的问题之一。酒店必须严格遵守有关防火、食品安全等标准，以及美国残疾人法案等。针对爱彼迎和其他的房屋短租网站却无此硬性要求。在"租赁须知"里，爱彼迎建议房东确保屋内安装了烟雾报警器、一氧化碳检测器，配有灭火器和急救箱；检修任何暴露在外的电线，清理任何可能导致房客滑倒的区域；搬走所有危险物品。但房东是否会做这些事情不在公司的可控范围内。

不测风云也会发生在酒店。例如，2013 年，《今日美国》的一项调查发现，过去三年的一氧化碳中毒事件里，有 8 人身亡，170 人接受治疗。（酒店行业顾问在文中指出，相对于风险赔偿，酒店为每个房间配备一氧化碳检测器的花费过于昂贵。）早期研究发现，1989—2004 年，美国酒店和汽车旅馆发生的一氧化碳中毒事件总共 68 起，导致 27 人死亡，772 人意外中毒。据美国消防协会称，2009—2013 年，酒店和汽车旅馆平均每年发生火灾 3520 次，造成 9 人死亡。

可以说，当我们踏入别人家中时，就随时随地处于危险之中。如果喜来登酒店发生意外，酒店客人至少知道谁该负责，向谁投诉和起诉。但在房屋租赁领域，公司无法掌控产品，一切问题都可能发生，房客大多只能依靠自己。"很难保证不发生意外，"

夏皮罗说，"从房客踏入家门的那一刻起，我们就与之打交道，你很难预测人们的行为。我们只能尽力做好分内之事，我认为这就行了。"

爱彼迎平台的规模越来越大，大部分事情已步入正轨，这表明这份信任是实至名归的。有人说我们正朝着新的期望前行，旨在打造共享经济的新世界。纽约大学的阿伦·桑德拉拉贾教授说："从根本上说，这种商业模式不可能像酒店、租车公司或者出租车协会那样给予用户如此多的保护措施。我们一直都在权衡利弊，并即将开始考虑如何在共享经济环境下达到新的平衡。"

一些受害者曾遭受背信弃义，身陷极端恶劣的事件，他们似乎赞同以下观点：马克·金住在卡尔加里，他的家曾遭毁坏，只得重建，他称自己一家人的遭遇简直是"百万分之一"。他还说："这次可怕的经历并没有改变我对爱彼迎的看法。"2014年，瑞秋·巴西尼的阁楼曾遭捣毁，可她随后又回到爱彼迎重新出租住所，收到众多好评。

以用户视角找到解决方案

爱彼迎花了很长时间来改善其信任与安全机制，公司的创始人一开始就知道会遇到此类风险，寻求一个尽可能减少风险的方法，对于吸引更多用户来说至关重要。但是他们对另一个肆虐的恶性事件却准备不足：种族歧视。

2011年，哈佛大学商学院工商管理助理教授迈克尔·卢卡开始研究在线市场，对在线市场的变化颇感兴趣。随着时间的推移，在线市场从一些匿名平台（如亿贝、亚马逊和Priceline）转移到更为新颖、增长速度更快的共享经济平台，在该类平台中，用户的身份发挥着更大的作用。令卢卡尤为感兴趣的是，这些网站平台如何在交易后台大量使用个人资料和照片，逐步建立信任机制。虽然这些工具有助于实现相互信任和问责制等重大目标，但他认为这也可能带来意想不到的问题：加重歧视。以爱彼迎这个平台为实验对象——因为它是要求用户大规模发布照片的最大平台，卢卡和他的团队发现，即便房屋的地理位置和住宿条件不相上下，非黑人房东的要价通常要比黑人房东高12%；相对于非黑人房东，黑人房东因房屋地理位置不佳会将租金降得更低。

奇怪的是，该研究结果在2014年发表时并未受到关注。这一研究结果出版后，爱彼迎发表了一项不屑一顾的声明，称卢卡的研究仅进行了两年，仍不够成熟，只调查了其中一座城市，而公司的业务范围涉及3.5万座城市。此外，声明还指出研究人员在撰写研究结果时得出了"主观或不准确的结论"。两年后，卢卡及其团队又发表了第二份研究报告，切实比较了黑人房客与白人房客的预订接受率。他们创建了20份个人资料——10份是"典型的非裔美国人姓名"，另10份是"典型的白人姓名"，除此之外，简介中的其他资料一模一样。他们向5个城市的房东发送了6400条消息，询问未来两个月里周末时房屋的租赁情况。调查结果证实了他们的怀疑：和听起来像非裔美国人姓名的房客相比，听起来像"白人名字"的房客的入住接受率竟高了16%。在其他因素（比如房东的民族或性别、房产价格、共用还是整租）保持不变的情况下，这种差异始终存在。研究人员写道："总的来说，我们发现非裔美国人名字的房客普遍会被歧视。"

研究人员专门研究爱彼迎的原因在于它是共享经济的"经典"案例，但他们援引了前期的研究，这些研究发现其他在线借贷网站也存在类似的问题。"我们的研究结果可作为小型文献资料，这些资料不断累积，说明歧视仍然存在。我们认为在线平台甚至可能会加剧歧视程度。"

这一次，该研究得到了更多的关注。几个月后，美国国家公共电台对此进行了报道，立即引发了白热化的讨论。2016年4月，昆蒂娜·克里腾登的经历引发了大众的关注，她是一位来自芝加哥的非裔商业顾问。她告诉美国国家公共电台，她在爱彼迎上使用自己的真实名字时屡遭拒绝，但若将名字换成蒂娜，或者将头像换成美景图片则是另一番情形。她在推特上以"AirbnbWhileBlack"为标题讲述了自己经历的挫败，从而吸引了众人的眼球。

随后，她的故事又通过无线电台向数百万听众播放，广为流传。越来越多的故事相继曝光，推特上充斥着有关"AirbnbWhileBlack"热门话题的讨论，许多人也纷纷分享了类似的故事。

几周后，华盛顿特区25岁的非裔美国人格雷戈里·塞尔登向爱彼迎提起诉讼，声称费城的一名房东拒绝了他的住宿请求，随即他又用两份伪造的白人资料发出申请，房东却接纳了他。在诉讼中，他声称房东违反《民权法案》，并表示爱彼迎没有回应他的投诉。他还说，他向房东直言自己使用的是伪造的白人资料，房东却对他说，"你这种人不过是自我身份的受害者"。

几周后，一名黑人女子想在北卡罗来纳州的夏洛特市预订房间。她的住宿请求先是被房东接受，但是房东随后又取消了预订，并给她发短信，多次用最具侮辱性的词语称呼她，告诉她，"我讨厌某某某，所以我要取消你的请求……这是南部，亲爱的，另外找个地方歇脚吧。"

种族歧视的争论现在已经全面爆发。爱彼迎反应迅速，发表声明说公司"大为震惊"，并向所有用户保证，这种语言和行为违反了公司的章程和"我们的信仰"。第二天，切斯基发表了义正词严的声明："北卡罗来纳州事件令人愤怒且难以接受。种族主义和种族歧视者在爱彼迎难有立足之地。我们将会永久禁用这名房东的账号。"切斯基在接下来的几周内公开反复重申，爱彼迎需要帮助和建议，以便更好地解决此事。公司强调，"我们没有万全之策"，呼吁大家踊跃提出任何建议和想法，同时广泛征求了专家们的点子和建议。声明里还提到，种族主义是我们每个人都要面临的问题，因此我们也需要你的帮助。那周之后，两家名为Noirbnb和Innclusive的初创公司成立，专门为有色人种提供住宿信息。

随着争议日益激烈，公司开展了 90 天的全面审查活动，寻求解决这一问题的措施，并从外面请来专家，比如前首席检察官埃里克·霍尔德和美国公民自由联盟前立法主任劳拉·墨菲。几个月后，爱彼迎发布了一份长达 32 页的报告，并根据专家的建议，宣布了一系列全面改革措施：公司将迅速要求使用该平台的用户签订"用户承诺书"，承诺遵守新的非歧视章程。公司还制定了一项名为 Open Doors 的章程，规定一旦发现房客在爱彼迎民宿或其他地方遭受种族歧视，其追溯力长期有效。该章程还规定公司将创建一个专门打击歧视行为的新产品团队，该小组将尝试降低用户照片的重要性，转而更加重视评价体系。公司通过"即刻预订"这一功能将房源可用数量从 55 万增加到了 100 万，房客无须任何审批流程即可预订。此外，公司还表示将强化房东的无意识偏见训练，并成立专家小组协助执法和处理投诉。切斯基写道："遗憾的是，我们解决这些问题的速度较为迟缓，对此我深表歉意。我要为这次给所有用户带来的痛楚不快和懊恼沮丧担负全责。"

非裔美国人团体的领导人高度赞扬了这些变革，美国国会黑人同盟将此称为"整个科技行业模仿的标杆"。但一些人（比如密苏里州堪萨斯城市法学院的法学副教授贾米拉·杰斐逊琼斯）觉得这些改变还不够，她认为平台应该把全部照片删除。她还表示，这个事件触发了某些严重的问题，比如仍未明确短租平台和房东之间的法律界限——即便在法庭上，也未确认——因此有必要出台新的法律条款，而不是让爱彼迎努力做到"自我约束"。关于种族歧视问题，很难采用法律手段解决：爱彼迎对塞尔登事件的解决方案是强制他像所有客户一样履行仲裁程序。在签署公司的服务条款协议时，他业已同意遵守具有法律约束力的仲裁，这意味着只要他使用了公司提供的服务，就无权对公司提起诉讼。2016年11月初，法官裁定按照仲裁章程，他的起诉无效。

哈佛大学的卢卡将爱彼迎的反歧视行为称为"事后的回应"。他说："我认为爱彼迎只是不想助长区别对待罢了。"他说爱彼迎公司太过于关注自身的发展壮大。

从法律上讲，这个问题有些含糊不清。酒店必须遵守民权法律，但爱彼迎经营的是一个网上平台，它不是公共住宿的提供商，与用户有一定距离，只是起到监管协调的作用。它将遵守当地法律的责任置于每个个体的身上，但1964年的《民权法案》并不适用于家庭出租房间数量不超过5间的当事人。所以根据联邦法律——地方法律可能另有规定——房东拒绝某人入住的任何理由都是合法的，不仅出于令人生厌的个人信仰，还包括：他们可以拒绝吸烟者，或者寻找某处举办单身派对的群体，或者有幼儿的家庭。在我的研究中，我听说有一位房东只把房租给中国人，因为中国人出国旅行的市场潜力巨大，而且往往"慷慨大方"。而另一位房东也只向"东方人"敞开大门，因为他们"为人善良、安静，且不会制造麻烦"。

不管是否合法，无论爱彼迎是否难辞其咎，歧视造成了一场影响公司核心业务的危机。彼此是否热情友善并非无关紧要，譬如，尽管多芬洗浴用品公司出售肥皂，但是不忘提倡身体健康。尽管瑜伽服装品牌露露柠檬主营服装，但是注重用户群体。爱彼迎售卖的是欢迎入住，并以归属感为核心塑造整个品牌和宗旨，而与归属感相对的正是歧视。这一问题引起了人们的热议。在《财富》杂志举办的一次科技头脑风暴大会上，切斯基上台接受采访，他说："对大多数公司而言，歧视问题的重要性仅次于公司的根本宗旨。我们的宗旨是让人们融洽相处，而歧视则成了拦路虎。如果我们只是试图'着手处理'，便可能无法实现这一宗旨。"

罪魁祸首是构建爱彼迎平台的核心元素：用户的网上照片和个人资料。正如哈佛大学的研究人员指出的那样："虽然照片有助于在爱彼迎平台上营造一种人情味，但它们也可以轻而易举地暴露人性最丑恶的一面。"研究人员称，歧视事件表明"按照惯常做法建立相互信任导致了意想不到的后果"。

在《财富》杂志举办的活动中，切斯基发言称，爱彼迎迟迟未能解决这个问题，原因在于太过专注于使用照片和身份验证来保护人们的安全，却未意识到将身份公之于众带来的意外后果。"我们忽视了这个重要问题。"他说。他补充说，另一个原因是他和其他创始人在建立这个平台时，他们是"三个白人"，因此没有考虑太多。切斯基说："我们最初设计这个平台时，有很多东西考虑不周，所以我们需要重新评估很多措施。"

第五章

原则5：与政府合作完善监管

早睡早起，拼命工作。

——克里斯·勒汉

2010年春，切斯基接到一位纽约房东的来电。"他说，'纽约有一些新动向，有人正在努力促成通过这条法案，你必须密切关注一下'，"切斯基回忆说，"记得我回答道，'请说得详细一点'。"他称当时自己对这位房东口中的法案一无所知。这次又遇上了难题，他们对市政府和城市政策问题束手无策。有人建议切斯基去争取一个代表资格，并雇用一个说客去游说纽约的立法者。"我甚至不知道说客是干什么的。"他说。了解得越透彻，他越觉得这个建议不可思议。"你不能跟这些立法者面谈，反而得雇用别人去为你说话？"他说，"我认为，这多少有一点儿疯狂。那些立法者不会见我，我就得雇用一群人去跟他们周旋，是这样吗？好吧。"爱彼迎公司便雇用了纽约一家著名的游说公司Bolton–St.

Johns。但时间所剩无几：提请修改的法律可能会在短短几个月内通过。"我们得参加一门速成课程。"切斯基说。

这门速成课程将多年来当地的政治及其背后权势集团的发展历程绘制成曲线图以供学习，不仅涉及纽约市，还包括全球几十座大城市。这将是年轻的爱彼迎公司遭遇的最大障碍。事实证明，爱彼迎短期出租房屋的活动违反了许多地方的现行法律。法律主要是依据当地需求颁布的，不仅各国、各城市千差万别，就连各城镇都有所不同。零零星星的法规纷繁复杂：房东可能会触犯当地法律，比如短期租赁、征税、建筑规范标准、区域细则等。

在许多市场中，爱彼迎与监管机构合作修订了这些规则，使其能够合法运作。多年来，爱彼迎已与多座城市达成了重要协议，放宽法规限制、补充新条款或者完善征税，包括伦敦、巴黎、阿姆斯特丹、芝加哥、波特兰、丹佛、费城、圣何塞以及上海等。此外，公司还在积极地与更多的城市协商达成共识。

但仍有一些地方对此存有异议。少数知名城市，比如纽约市、旧金山、柏林和巴塞罗那等，监管机构和立法者都以极其坚决的态度拒绝做出让步。几年来，爱彼迎羽翼渐丰，反对的呼声也更加强烈（HomeAway、VRBO 和其他短期租赁平台同属这些法律的管辖范围，也卷入了法律纠纷，但在许多城市，这些公司的发展规模和速度都远远不及爱彼迎）。

所有城市中，纽约市的纠纷最为白热化。它占据了美国市场的最大份额，据初步估计，纽约市房东的年收益高达 4.5 亿美元。2010 年的立法标志着一场持久战的开始，多年来，爱彼迎公司为了争取免受监管而经历了多次风云变幻——其业务激起了立法者以及根深蒂固的酒店和房地产行业的愤慨。2016 年底，纽约州州长安德鲁·库默签署了一项法律，规定如果房东本人不在家，公开对外短租少于 30 天则为非法活动。而当时爱彼迎在纽约市的大部分业务都是 30 天内的短租模式，这对于公司来说是一大重创。爱彼迎立即对纽约市和纽约州提起诉讼，随后该问题得以解决，但这场纠纷给爱彼迎最知名的一大市场带来了重大影响。

爱彼迎公司在纽约的遭遇也是一个典型案例，表明突如其来的新思想和技术会威胁到现状与现有行业，从而引发种种冲突。和公司自由发展的上升曲线相比，当地的政策现实并不总是尽如人意。这突显了与房产相关的情感因素具有深层意义。纽约等城市围绕爱彼迎问题的纠纷也使得民主党出现内讧，却让同床异梦的盟友并肩作战，甚至有时难以分辨谁是大卫、谁是歌利亚。

纽约市遭遇了最严重的租房市场危机，空置率竟然高达 3.4%。这里有美国利润最丰厚的酒店市场，也是美国劳动力流动很旺盛的少数地区之一。若要论哪座城市的政策最错综复杂，那就非纽约市莫属了。因此，和"大苹果城"（纽约市的别称）的诸多方面类似，爱彼迎在这里的作战规模更大、更激烈，也更丰富。

2010 年初，房东来电告知切斯基的法律涉及对所谓的"多住宅法"的修正，其中规定地处纽约市的三室以上住宅里，如果租住期间房东本人不在家，房东将其公寓出租不满 30 天的视为非法行为。这种做法有悖于大多数合作公寓和分单元公寓套间的规章制度，但这一议案将把它作为州立法。该议案由民主党州参议员莉兹·克鲁格提出，主要针对经营非法酒店的房东，他们把用于长期租住的房产改建为供旅行者留宿的公寓。

短期租房的做法已有几十年历史，互联网除了对其他方面有所影响外，还加速了信息的传播，使其更便捷、成本更低廉。即便是最狭窄、最昏暗的单间公寓，也能以每晚几百美元的价格出租，入住率颇高，因此房东、业主和精明的企业家纷纷借助网站推介房源，提高效率。无论是克雷格和 HomeAway 网站，或 IStay New York 之类的地方机构，还是各国旅游营销网站（这些网站因使用本国语言而鲜为人知），它们都在向世界各地宣传纽约市的住宿业务。爱彼迎本不是打击对象——2010 年，纽约州及纽约市的立法者对这个加利福尼亚州的古怪初创公司知之甚少。尽管爱彼迎集结了好几百名纽约市房东向州长安德鲁·库默联名申诉，不过法案最终被通过。

但是，爱彼迎风头正劲，情况发生了变化。公司迅速成长壮大的各项因素在纽约市尤其突出：经济大衰退、天价租房价格，涌现大批租户和千禧一代（这两类人注定会选择爱彼迎）。2010—2011 年，公司的订单朝着 100 万进军，纽约市这个最初的市场也成为规模最大的市场。然而，截至 2012 年，爱彼迎首度感到自己也许并非处处受欢迎。当时刚加入公司的首席商务和法律官员贝琳达·约翰逊回忆道："我们开始听到一些传闻，说政府会出台法律打击我们的房东。"

据《纽约时报》报道，时年 9 月，一位名叫奈吉尔·沃伦的 30 岁网页设计师因要去科罗拉多几天，便决定在爱彼迎上出租和室友合租的曼哈顿东村公寓。征得室友的同意后，沃伦以每晚 100 美元的价格在爱彼迎上出租公寓，很快便收到一名俄罗斯女士的预订请求。沃伦外出回来后才得知纽约市的特别执法办公室（一个负责调查生活质量投诉的多部门组织）来到公寓楼，指控房东违反了三条法规，罚款 4 万美元。这起事件经过几轮诉讼程序，法官几个月后最终判处沃伦违反了法律，其房东须支付罚款 2400 美元。爱彼迎公司随即介入，代表沃伦继续上诉，辩解说他出租的只是整套公寓的单间，而不是整套公寓，这符合法律规范。2013 年 9 月，纽约市环境管理局推翻了先前的判决。

爱彼迎公司为此而庆贺，时任公司政策负责人的大卫·汉特曼称之为"巨大的胜利"。虽然明确规定法律允许公寓居住者在家时出租房间，但这并不具有代表性。纽约市在爱彼迎上出租房间的人半数以上都出租了整套公寓。沃伦案件的判决只适用于公寓合租的情形，与上述房东情况有别，而不断壮大的反爱彼迎联盟却想尽办法打击这些房东。爱彼迎在纽约的战斗才吹响号角。

随着时间的推移，反爱彼迎联盟渐渐成形，其成员包括当选的官员、经济适用房支持者、酒店协会和酒店行业代表。当时，他们反对爱彼迎的理由延续到现在：爱彼迎的房客流动会影响邻居的生活质量，邻居并未签字同意让这些短租旅行者在楼宇内往来穿梭。如此一来，陌生人便能进入居民楼，而且也不符合传统的酒店安全规则，这会引发安全隐患。更为关键的是，反对者们说仅由于在爱彼迎出租的公寓数量激增，也就是所谓的非法酒店，会导致房产交易量下滑，加重房产市场的危机，房价将进一步上涨。

2013年秋，爱彼迎又遭遇了当头一棒。纽约州总检察长埃里克·施奈德曼发传票给爱彼迎，说他正在追查非法酒店，需要查看纽约市1.5万名爱彼迎房东的交易记录。爱彼迎不按常规，违抗传票命令，申诉抵制调查活动的理由，称这涉及的范围太广，会侵犯用户的隐私。同年5月，法官同意了这项申诉。但施奈德曼任职的检察院再次提出一项精简版的调查，要求查看爱彼迎最大交易客户的信息。一周后，爱彼迎和检察院宣布已达成所谓的"解决方案"：爱彼迎将提供从2010年至2014年上半年近50万笔交易的匿名数据。

总检察长的报告显示，纽约72%的爱彼迎的"私人"房源都违反了州立法。报告称，虽然94%的房东只有一两套房源，其余6%是所谓的商业房东——他们拥有3套以上房源，通过爱彼迎定期出租——但是其数量占了爱彼迎预订量和收入的1/3以上。另外100个房东有10处以上的房源。排名前12的房东在世界各地拥有9—272套房源，人均年收入超过100万美元。最大的客户有 272 套房源，年收入约 680 万美元。

这种非法活动并不是什么新鲜事，毕竟，依据美国 2010 年的法律，任何出租整套公寓的爱彼迎短租行为都是非法的（除非该房源的室内套间不足三间），而且不管是过去还是现在，成千上万的房东和房客都不了解法律或有意忽视法律。这份报告却翻开了崭新的一页——标志着爱彼迎首次允许他方查看公司数据——显示了爱彼迎平台多处房产出租的范围。它与以前的报告相吻合，表明少部分房东造成了公司纽约业务的不均衡分配。爱彼迎自称这些数据不完整且已经过时。它指出纽约现行相关法规含糊不清，并希望与纽约市合作制定新法规，惩治不良用户，同时落实"明确、公平的房屋共享规则"。

寻找与反对者和解的方案

纽约和其他地方的多套住宅房东或"商业房源"问题一直困扰着爱彼迎。公司的理念本是打造一个房屋共享的世界，无论房东是否在家，都可以向陌生人出租自家住宅，营造一种独一无二的旅行体验。但不管爱彼迎是否赞同，这种模式也引发了冷漠精明的套利行为——一套住房夜宿短租的年收入是长期租赁租金的两倍。这些年，人们纷纷加入房屋短租行列，其中包括物业经理、企业房地产巨头以及夫妻经营者。爱彼迎公司一再表示不希望看到这种行为，并删除了专门从事短租的人。但它并没有公布这一原始数据,而是让对手用其估算的数值填补空白。Airdna 博客里一份 2015 年的报告写道:"爱彼迎的短租收入是一个未解之谜,就像尼斯湖水怪或者卓柏卡布拉一样。"Airdna 是一个独立数据提供商,常从爱彼迎网站上"搜刮"数据以生成数据分析报告。

爱彼迎在纽约市初期的运营吸引了大量不法分子,这是一个不可争辩的事实。其中一位实力最强的早期不法分子名叫罗伯特·陈,是一名派对组织者,曾以"Toshi"的账户名在爱彼迎及其他短租平台上出租地处曼哈顿区和布鲁克林区的 50 套住房,累计完成约 200 次非法短期公寓订单。他租用多套住宅,向房东支付高于市场价格的租金,又将这些房源出租供旅行者夜宿。

纽约市政府最终起诉了陈,并获得 100 万美元的赔偿,但其他经营者仍然继续使用爱彼迎平台。2014 年秋,Gothamist 网站上传了一个位于曼哈顿区默里山片区两居室公寓的视频,室内竟塞满了 22 张床垫。皇后区埃姆赫斯特片区有一对房东,自家联排别墅的顶层有一套三居室,他们便安装了石膏板,将每间卧室又分为三间较小的隔间,以每晚 35 美元的价格在爱彼迎上出租。在纽约及其他地方,一些房东为了谋求夜宿短租的高利润而驱逐长租房客的事件比比皆是。

2014 年,爱彼迎开始使用反击对手的关键武器:动员房东。施奈德曼一发出传票,公司全球用户负责人道格拉斯·阿特金便与纽约市房东草拟了一份请愿书,呼吁纽约立法机构改变所谓的

"贫民窟房东法",因为它未能区别对待商业经营者和有时短租自家住房的普通纽约人。爱彼迎聘请了资深的民主党政策战略家比尔·海尔斯,他是 Hilltop Public Solutions 公司的合伙人,也是比尔·德布拉西奥获选市长幕后的竞选负责人。他酝酿且发起了一场价值数百万美元的底层运动,聚焦于一点:爱彼迎扶持了纽约市的中产阶级。这场运动始于一个名叫《遇见卡罗尔》的电视广告,它讲述了一位非裔的美国寡妇在曼哈顿下区的公寓住了 34 年,她失业后就转向在爱彼迎短租自家住宅。影片里,阳光从窗户照进来,卡罗尔将一张干净的床单铺在床上,随后又为坐在早餐桌旁微笑的客人准备烤饼。她在广告结尾处说:"我的网上资料里提到'烤饼赢得人心'。"

让中产阶级获利成为爱彼迎未来对抗全球法规挑战的战斗口号:爱彼迎帮助普通人实现了收支平衡。爱彼迎认为,短期租赁有助于长期住户利用其最大开销——住房费用——获得额外收入,用于支付账单。爱彼迎说短租能促进城市旅游业的发展,特别是因为爱彼迎的房源通常地处传统酒店区域以外,把旅游收益引进那些不为人知的居民区,将推动当地小商业的繁荣,而这种消费在过去从未出现。

多年来,爱彼迎发布了许多报告予以佐证。据其 2015 年发布的一份报告显示,过去 7 年来美国爱彼迎房东的收益已超过 32 亿美元。另一份关于纽约市的报告里提到,2014 年爱彼迎的业务催生了价值 11.45 亿美元的经济活动,其中 3.01 亿美元属于房东的收益，另外 8.44 亿美元是纽约市的商业收入。后者的大部分资金又都流向了以前难以获取旅游收益的居民区。爱彼迎指出，2014 年纽约市的游客流量有 76.7 万名，其中 4 万人入住布鲁克林区的贝德福德－斯图维桑特片区，当地因此创收 3000 万美元。哈林获利 4300 万美元，阿斯托里亚为 1060 万美元，南布朗克斯为 90 万美元（爱彼迎聘请人力资源及行政顾问开展了这项研究）。

但爱彼迎的这些措施并未能安抚反对者，这些反对者借此指责爱彼迎的运营加速了所在地区的贵族化。截至 2014 年夏，总检察长的调查仍在进行，紧接着公司又筹募到另一轮价值 10 亿美元的巨额融资，有关爱彼迎的争论随之逐步白热化，甚至有点危言耸听。"有人说，'我不想让小区里暗藏基地组织人员，因此不希望周围有爱彼迎房源'，"切斯基后来告诉我，"这不合情理，也与事实不符。我当时就说，这样发展下去太危险，会造成不良后果，所以我们就去了一趟纽约。"

尽管 2010 年法案最初出台时，切斯基的第一反应是反击，但硅谷那些顶级智囊团的专家都建议公司先保持低调，躲避一下风头，避免事态升级恶化。2011 年，贝琳达·约翰逊加入爱彼迎，她提出了一个和解方案，力促切斯基与反对者面谈。切斯基说："贝琳达教会我，无论对方有多么讨厌你，见面谈谈更好。"于是，他踏上了一次"大规模的魅力之旅"，前往纽约与利益相关方会面，其中包括监管机构、酒店负责人、房地产商、记者，甚至市长比尔·德布拉西奥（"我们之间的谈话很愉快。"切斯基说)。大多数情况下，面谈并不能改变双方的立场——这种说法有些低调保守——却有助于双方倾听彼此的意见。

这场反对运动还在持续升温。2014年底，纽约市的反对者们——包括强大的酒店联盟、反对爱彼迎的官员、支持经济适用房的群体以及酒店行业——联手成立了一个名为"Share Better"的反爱彼迎政治行动委员会，采取的第一个行动就是发起一项耗资300万美元的反爱彼迎活动。

提高公司的透明度

爱彼迎一直都对外界回复说不欢迎那些投机者，多年来公司一直致力于清除这些人。2015年秋，公司采取了强硬措施，推出新的"客户协定"，承诺与市级官员更密切地合作，特别是携手遏制短租业务给经济适用房带来的冲击。爱彼迎发布了一份报告，列明公司在纽约市的业务数据，声称公司正策划在此处实施"一个房东，一套住房"的政策。报告里写道："我们强烈反对大规模的投机者，他们把几十套公寓变成了非法的酒店客房。这些非法酒店侵害了我们的房客、房东、公司以及城市的利益，在这些城市爱彼迎房东共享了自家空间。"关于爱彼迎纽约市业务的最新报告显示，这里95%的房东只有一套房源，每套房源的平均年预订量是41晚。

然而，不论单个房东在爱彼迎平台上是出租多套公寓，还是只出租一套公寓，反对者针对的不是各种房东的比例，而是商业房源的业务量。多年来的不同研究显示，爱彼迎的房源中，商业房源占30%，而且根据这一定义，这些房源在部分市场的收益高达40%以上。2016年夏，Share Better对爱彼迎在纽约市的业务进行了研究，这项研究锁定8058套房源，称之为"具有冲击力的房源"，调查那些拥有不止一处房产且每年出租三个月以上的房东，以及只拥有一处房产且每次出租半年以上的房东。调查显示，这些房源使租赁房的使用率减少了10%。

爱彼迎坚称这些外部数据不够准确。纽约市最近的一组数据显示，多处住宅短租业务占全市现有整套公寓租赁量的15%，占房东总收入的13%，较之于前几个月的20%收入比例有所下降。反对者表示数据不能说明问题的全貌，他们希望公司能匿名发布个体房东的房源位置和租赁行为数据，但爱彼迎为保护客户隐私予以拒绝。

切斯基称那些新闻标题遗漏了爱彼迎运营模式体现的细微差别。"我们非常关注这一问题，正在努力解决。"他说。切斯基一再声称那些大型房地产组织并不是公司的目标客户。他说："如果把我们视为房屋租赁公司，那么就跟其他公司相差无几，就像一家酒店，而没有什么归属感可言。"

爱彼迎称，清理商业经营房东并不是那么简单。有些多房源出租的行为是合法的：住宅出租超过30天，或者房源是出租屋内套间少于3间的别墅，比如布鲁克林的豪华住宅区或皇后区的联排别墅，这些情况均属于多套住宅法里的免责范围。此外，越来越多的高档酒店和提供住宿加早餐的旅馆将房源在爱彼迎平台上推介。据最近的统计，全球范围内公司的这类房源总计约30万套。切斯基说，一些房东用多种途径推出同一套住宅，导致房源重复计算。他指出，即使该公司禁用某位房东的账户，他还能以其他用户名再建一个账户。切斯基感叹道："我们并非人人都认识，不可能和每个人面谈，问他们为什么要这么做。"

这是酒店行业团体最恼火的问题：他们眼中的非法酒店正在爱彼迎平台上迅速繁殖。酒店行业的高管认为，尽管爱彼迎用各种理由辩解，但其持有的房源数量多于目前平台推出的数量，他们笃定爱彼迎有能力进行清查和监管。"爱彼迎却说，'我们没法清除这些投机房东'，这简直荒谬至极。"纽约市酒店行业协会主席兼Apple Core Hotels酒店（地处曼哈顿区中心的连锁酒店）董事长维杰·丹达帕尼抱怨道，"世界各地都认为爱彼迎既不遵守规则又缺乏透明度。"

许多审查过爱彼迎房源结构的专业人士称，大多数在纽约市和其他城市的大型专业租房经营者已经离开了这家网站，纷纷倒戈爱彼迎的竞争者。此外，在纽约市及其他市场，他们似乎已让位于业余的微型创业者，比如，小规模经营的普通人要么赚够了钱去购买或租下几处房产，随后在爱彼迎上出租，要么拉拢朋友和共同投资人一起这么做。还有一些这类房东，比如在悉尼拥有两处房源的麦肯，现在已翻修了第三套，希望几年后退休时成为爱彼迎的全职房东。或者像之前提到的房东乔纳森·摩根，他出租自己地处萨凡纳的 3 处房产内的 6 套房源。Airdna 创始人司格特·沙特福德曾出租位于加利福尼亚州圣莫尼卡的 7 套房源，赚钱后创办了自己的公司。他说在巅峰时期自己一年赚了 40 万美元——这笔钱用来创办了 Airdna。

但是，这些创业者往往会竭尽全力掩饰自己，用不同用户名创建多个个人账户，让他们的房源呈现出个性化，满足爱彼迎及其房客的期待。"人人都期待个性化体验。"沙特福德说。（他和其他人都认为，不管爱彼迎的反对者们如何斥责，都难以阻止人们参与这个游戏系统。"任何聪明人都有办法应对管理多处房产的事务。"他说。）但是监管机构仍在伺机而动：2016 年圣莫妮卡通过了一些十分严厉的法令来监管爱彼迎，沙特福德接受了问讯，最终他被控 5 项轻罪。他与圣莫妮卡市执法部门达成认罪协议，支付了 4500 美元罚款，随后迁往丹佛，目前专注于 Airdna 的发展。

切斯基和我留宿在爱彼迎位于华盛顿特区乔治敦的小型联排别墅里，早餐还未端上来时，我问及这一问题，他说："我认为，围绕企业租赁的整场争议无非是试图解决一个问题，即在住房资源短缺的城市是否仍有可供爱彼迎短租的房源，而商业房源和住宅套数这些问题完全无关紧要。"他还提到，就公司章程而言，在不存在住房短缺问题的市场，爱彼迎不会反对出租多套房源的行为。以太浩湖为例，这里的市政府实际上希望物业管理公司对爱彼迎的房源进行管理（2015 年，爱彼迎与物业管理公司合作在某些度假租赁市场进行了试点）。还有另一种吸引潜在的度假者前往度假胜地的方式。切斯基解释道，"作为一项章程，就不能随便违背。"像在纽约这样真的存在住房短缺问题的城市，章程就应该明确规定每位房东只能出租一套房源。

但是就品牌角度而言，就另当别论了。"我们的主要用户是普通房东，人们出租和共享自家住所，我们认为这是独特之处。"谈话期间，他指着周围的环境，书架上整齐地摆放着图书和小饰品。他说，如果这是一套专门用于出租的房屋，我们周围就不会有这些装饰。"你有一种亲近感，这里充满关怀。这是一种归属感，不是'服务'，归属感是公司的核心。"

明白了吗？爱彼迎其实不反对在住房问题相对缓和的城市，房东出租多套房源，前提条件是房东能提供公司倡导的优质住房体验，即一个人尽到"地主之谊"。切斯基说："我们不愿让那些只想分一杯羹的物业公司插手。"爱彼迎的目标是实现公司高管康利所说的"重在热情款待，做好经营服务"。因此，爱彼迎坚称在房屋不受限的城市，像悉尼的麦肯或者萨凡纳的摩根等微型创业者应不受约束（萨凡纳州的监管机构不同意，给摩根发了至少15次传票，罚款共计5万美元，但他说仍未支付罚金。在悉尼，麦肯可能会受到来自法规更严的压力。如果政府要限制每套房源的年出租天数，那么他就无法开展短租业务。截至写完本书，澳大利亚政府报告已提议在新南威尔士州每年房屋短租天数不受限制，并已递交议会审核）。

维护用户利益，不怕任何麻烦

反爱彼迎阵营提出的众多问题情有可原。允许暂住客人进入住宅楼宇意味着未经审查的人员有钥匙进入住宅楼的公共空间，门锁失去了效力，还有可能带来其他危险。住宅公寓没有酒店那样的安全预防措施，比如自动喷淋灭火系统以及明晰的疏散计划（虽然纽约市的建筑规范也规定住宅建筑需要遵守防火安全标准）。生活质量问题是每个纽约人最关心的问题。纽约人生活在一个相互层叠的狭小空间，已经共享了墙壁、地板、天花板以及公共区域。

纽约人最看重个人的私人空间和日常生活，但短租引起的诸多问题会侵犯这两个方面，比如旅行者敲错门、将垃圾扔错地方或将烟头扔在屋顶平台。我认识的很多纽约人都有过与爱彼迎用户做邻居的经历，其中包括暂居的旅行者。西村大厦的一位长住居民说，当她听到墙那边传来噪声，并注意到每周有不同的人进出隔壁公寓时，才知道隔壁邻居在爱彼迎上做房东了。一个四口之家入住隔壁公寓期间，将行李车一直放在走廊里。她明白了为何看见大楼外面的孩子高兴地推着闪闪发光的行李车在八号大道上往返。距离我的住所不远处，有一套房源极受斯堪的纳维亚旅行者欢迎，邻居们已经习以为常，经常看见一群身材高挑、金发碧眼的年轻女子聚集在大厦外，吸烟和聊天到深夜。

但是针对麻烦事的争论并不像爱彼迎反对者说的那样简单明

了（比如，纽约市的10位女性中有9位可能会告诉你，她们青睐高个子男性的到来，不管是暂居还是长住），许多纽约人了解跟一个爱惹麻烦的邻居打交道的具体情形。

多年来，反对者一直将矛头指向经济适用房问题：爱彼迎从市场上抢走了房源，从而导致房价上涨。爱彼迎的确在纽约市拥有众多房源——按最新统计约有4.4万套。但在全市300多万套住房中，其数量还不及总数的1.5%。其余更大比例的20万套住房因各种原因而空置。直接造成纽约市房源空缺以及房价居高不下的因素林林总总，其影响力更甚于爱彼迎，比如，分区法、建设成本高、土地使用规定严格、大批有钱的外国买家涌入以及大城市复兴使得人口数量创历史新高。"我们意识到爱彼迎可能不是问题的根源，但这并不意味着你可以漠不关心，从房地产市场带走成千上万套房源。"独立数据分析人士穆雷·考克斯评论道。他是一名经济适用房倡导者，创建了一个名为Inside Airbnb的数据提供公司。

爱彼迎越蓬勃发展，它在纽约市引发的矛盾越会升级。除了法律限制外，大多数业主开始禁止租客对外短期租赁，一些人在租约中添加了禁止租客使用爱彼迎的条款，对租客招待外来人员制定了更严格的协议，并安装摄像头或聘请私人调查员随时清查租客。纽约市从事豪华住宅租赁的最大房地产公司Related Companies持有7000套以上的公寓，据说制作了一个PPT演示文稿，教授物业经理如何查找出在爱彼迎平台开展短租业务的租户。2015年秋，德布拉西奥市长提议三年拨款1000万美元增加人员和升级技术，严厉打击违反纽约市短期租赁法的行为。

纽约市的斗争最为激烈，这座城市的症结特别纷繁复杂，包括劳动力、大型企业、极度敏感且涉及深层次情感因素的经济适用房等问题。随着风险成本攀升，口水战也随之升级。好莱坞著名演员兼爱彼迎投资商阿什顿·库彻曾写信为爱彼迎公司辩解，纽约州女议员兼爱彼迎的老对手琳达·罗森塔尔却告诉《华尔街日报》，这封信"不会激起一朵浪花"，并补充说："他只是在狡辩。"代表上西区的市议员海伦·罗森塔尔（她和琳达·罗森塔尔都是民主党人，但两人并没有任何关联）告诉《地产交易》杂志："我给出的最重要消息是，如果爱彼迎继续忽视州立法，我们将会尽全力让这家公司难以立足。"

2016年初，Share Better公司发布了一则嘲笑爱彼迎"四海为家"标语的广告，标题为"爱彼迎：问题无处不在"（这则广告配有挖苦的画外音——"无论如何感谢你，爱彼迎公司，但你除了自己受益外，对任何人都没有好处"）。几乎与此同时，两位市议员给爱彼迎的前30位投资者写信，告知他们爱彼迎在纽约市的业务属于非法活动，还警告说这有损于他们的投资价值。信中写道："如果我们投资的公司故意从事众多非法活动，对于是否还将资金投放在这家公司，我想我们会三思而后行。"

爱彼迎将这封信视为"做戏"。爱彼迎也集结了更多的政治火力：它从纽约市从事游说、政治策略及人际交流业务的顶级公司里聘请了一位名人出任爱彼迎纽约公共事务负责人，此人名叫约什·梅尔泽，曾为总检察长施奈德曼效力。为了借助工会的力量，爱彼迎邀请安迪·斯特恩进入董事会，他是国际服务行业工会（SEIU）的前主席。公司还加强了广告宣传，赞助马拉松赛事（也许可以预见的是，在新命名的爱彼迎布鲁克林半程马拉松比赛前夕，反对者们可能会身穿印有"逃离爱彼迎"字样的T恤衫公开抗议）。

但是，爱彼迎也拥有资金充足的强大后备力量（名为"REBNY"的房地产团体很快加入了战斗）。2016年初，琳达·罗森塔尔曾提出一部在全州范围禁止短期租赁广告宣传的法案，同年6月，当美国国家立法会议即将结束时，这一法案势头渐猛。法律规定网站对其用户发布的内容免责，为了绕过这一法律辩护，故意将该法案列入"广告法规"。新法案禁止房屋居住者将其空置的房间用于少于30天的短租，并规定业主（或者房屋所有人）不会受罚，而会惩罚租客（或者房屋居住者）。根据新法案，首次违反将处以1000美元的罚款，如果三度违反，则罚款升至7500美元。尽管来自科技行业的大腕插手协调公共关系，如爱彼迎的投资者保罗·格雷厄姆、里德·霍夫曼和库彻等，他们抨击新法案有碍创新，损害了纽约市中产阶级的利益（"因为这个愚蠢的法案，人们正渐渐失去家园！"库彻发推特说），新法案还是在立法会的最后一天得以通过，这给爱彼迎带来狠狠一击。

爱彼迎认为该法案的立法过程有失公允，是一群特殊利益代表在最后时刻进行暗箱操作的结果，全然不顾数以千计纽约市民的呼声。爱彼迎推出了一个百万美元的广告活动，在平台上删除了2000多套纽约市房源，这些房源疑似属于多套住宅房东。此外，公司还实施了一项计划，在网站上创建技术工具和规范注册过程，禁止房东上传多套房源。2016年10月末的一个周五，即新法案通过4个月后，纽约州州长库默签字同意将新法案正式列入法律条款。他的发言人在声明中说："这一问题经过了慎重的考虑，最终法律明文规定禁止这些短租活动。"新法案的发起人琳达·罗森塔尔附和道："州长库默为维护经济适用房和租户的利益挺身而出，我颇感欣慰。"新法案签署后，她向《纽约时报》发表了上述言论。

爱彼迎迅速回应。法案签署后的几小时内，爱彼迎起诉了纽约市及其总检察长，声称这一立法侵犯了《通信规范法》授予公司的言论自由、正当程序和保护权益。一位酒店行业首席执行官在盈利电话会议中表示，此项立法将会对爱彼迎公司的定价权力产生积极影响。之后，爱彼迎传阅了一份名为"酒店行业庆贺漫天要价时机来临"的备忘录（纽约市酒店协会的主席维杰对上述攻击性言语提出异议，称压缩定价仅受供求情况的影响，类似于航空公司对其产品定价的方式）。

几天后，爱彼迎在纽约市州长库默的办公室外举行了一场集会。二十几位房东举着"每一分钱都是房租"以及"做爱彼迎自由房东"等标语抗议（一位叫雪儿的粉丝手持标语，上面写着"雪儿，带我回家"。）他们大声疾呼"爱彼迎，连接你我""纽约市需要爱彼迎"等口号。但他们的呼喊声很快就被一群由经济适用房倡导者、租户和工会成员组成的反抗议者淹没。罗森塔尔带队走向支持爱彼迎的抗议者，反对抗议的呼声更加有力，大喊"爱彼迎毁了纽约""家园不是酒店"等。几天后，在另一场集会上，市议员杰马恩·威廉姆斯告诉《纽约时报》："我从未如此高兴地目睹一场抗议活动溃败。"

这则消息引发了爱彼迎纽约市场的骚乱。已经预订前往纽约的房客开始询问房东能否取消订单。布鲁克林区房东伊芙琳·巴迪亚经营着房屋咨询业务，她重新调整了房源，并备注"该房源是合法的舒适宽敞两居室"。集会上，曾有旁观者询问我，爱彼迎是不是先购买住宅楼，然后改建为出租房。

集会结束不久后，我向爱彼迎的公共事务负责人克里斯·勒汉提及此事。"这些都是不利于我们房东的因素，"他回答道，"恶劣的政治环境衍生出负面政策。当某些特殊利益群体起草某项法案，丝毫不顾房东的诉求，未经任何公共流程就予以通过时，你就只得面对这样的结局。"他表示公司会继续诉诸法律手段寻求解决方法，那些规定限制爱彼迎平台上的商业活动，只允许普通客户偶尔出租住所，还声称这一提议"客观上有利于纽约州的发展"（当这本书即将出版时，爱彼迎与纽约州和纽约市解决了诉讼问题——案件后期阶段，双方同意理论上携手打击特定的不良行为者）。

大都会公共战略公司（政治咨询类公司）的首席执行官兼 Share Better 的首席策略师尼尔·夸特拉说："自 2010 年以来，许多书里都列明了一条法律，禁止爱彼迎的大部分商业模式，但他们仍然想出了应对策略。"他说，"爱彼迎非常清楚地认识到，尽管实际法规如此，执行法律不会中断其业务。我认为我们拥有的是一个由不同成员组成的联盟，其焦点是对经济适用房的影响，爱彼迎删除了数千套用于长期租赁的房源来提升租金。"

议员琳达·罗森塔尔表示，"法案经签署后立法，我很激动，但我认为爱彼迎还在苦苦挣扎，他们正试图用尽一切办法摆脱困境"。她反对所谓的爱彼迎"不同商业模式，即打入某一市场，继而占领市场，然后自立规章制度而不顾政府的规定"。她还说如果爱彼迎真的在意用户，就应在网站主页上明示这条法律规定（在"美国短租守则"页面，公司忠告客户遵守当地所有法律）。

爱彼迎和熟悉其战略的人士说，他们多年以来尝试和解，但立法者不愿意对话。"爱彼迎愿意尽力协调。"Hilltop 公司的比尔·海尔斯说。他目前还未与爱彼迎合作，说各方"都剑拔弩张，不愿相互交流，因此直到最后都没人出面调停"。

勒汉说，经过"长期拉锯战"的几次交锋，纽约的局势将随着时间的推移渐渐淡化。未来几年冲突的曲折起伏将是"烘托气氛的背景音乐"。他表示公司将力争和解，包括使 2010 年的基本法规得以调整。

拉近人与人之间的距离

纽约州通过此项法律前的几个月，有一天，我和勒汉在爱彼迎的总部首次会面，他和蔼可亲，十分友好，似乎并不像自称的那样是个爱滋事的好战者。勒汉是一位政坛大人物，曾就读哈佛法学院，自1980年以来一直效力于民主党的工作。克林顿1992年竞选工作结束后，他受聘于白宫特别顾问办公室。这是一个精英团队，负责对克林顿政府的调查实施危害管控（他撰写了一份332页的报告，开创了"庞大的右翼阴谋"这一说法）。加入私营企业之前，他还曾担任戈尔2000年总统竞选的新闻秘书。勒汉以不留情面的策略、简洁扼要的言语以及老练精明的对手研究能力而闻名，别名为"灾难大师"。他曾为微软、高盛、兰斯·阿姆斯特朗和工会组织等客户工作，也曾为像亿万富翁汤姆·斯泰尔发起的关注气候变化运动这样的非营利组织效力。在此期间，他制作了一部讲述政治策略家的讽刺电影，名为《刀光剑影》(*Knife Fight*)。2014年，当爱彼迎与旧金山市政府之间的法律战如火如荼时，爱彼迎聘请勒汉出任政策咨询师，不久他就全职加入公司。

勒汉身材修长，在爱彼迎总部颇有地位，所到之处尽人皆知。他工作的地点位于爱彼迎总部后的一个三层独栋建筑，之前被称为"Annex"。勒汉随后将其改名为ADU，即配套住宅单位（accessory dwelling unit）的缩写，这一搞怪房产术语也用于指代奶奶屋或岳母屋[①]。这些住宅特别适合房屋共享（但是它们不便监管）。爱彼迎的整个动员团队、政策沟通和运营，以及包括社会影响和战略研究等其他部门都在 ADU 楼里工作——大约有 200 名员工，其中许多人来自民主党。勒汉仿照纽约市市长设计的市政大厅格局，中间是开放式办公室，各个团队小组紧挨着围坐在一起，便于相互交流。他说："如果你曾参与一场涉及全球的政治运动，你在爱彼迎就会深有同感。"

监管爱彼迎战略的责任落在了勒汉的肩上，他负责击退对手，扭转法律劣势，维护公司的权益。"这是一件疯狂的事情，"当我们坐在公司办公室聊天时，他说道，"这就像你正在制造汽车、修建道路、制定规则，而人们却朝你扔石头。这是一项伟大的事业！"但他也大方地承认，自己爱喝爱彼迎公司的 Kool-Aid 冷饮。他认为公司有潜力成为中产阶级的驱动力，并解释房屋分享在消费者中盛行的原因在于一系列大型社会经济动向逐步趋同。这稳固了分崩离析的社会契约，普通人的经济状况也因此得以改善，拉近了人与人之间的距离。2016 年，他在美国市长会议上发言说："最终，爱彼迎的成功并不是因为在数学算法上施加了一些魔法药水或仙女的魔法药粉，而是因为我们建立了一个平台，让人们能够进行互动交流，拥有全新的体验。"

勒汉认为世界上的大多数城市都愿意与爱彼迎建立合作关

---

① 奶奶屋或岳母屋指建在家庭住宅后院的小房子，主要用于老人独居。——译者注

系，并当即列出许多城市的名字。他说道，爱彼迎与这些城市的当地立法机构携手合作，力图更新或修改现行法律使其短租活动合法化。最近，就在我们谈话的当天，芝加哥通过了一项法律措施，允许短租活动不受天数限制，但要求每笔短租交易须缴纳4%的税款，用于赞助针对无家可归者的公共服务（一篇相关报道里写道："风城的短租房推动了旅游业的发展，形势喜人。"）。随着纽约市的争论日益激烈，在新泽西州纽瓦克和泽西市的哈德逊河正对面，立法者们通过了更为友好的法规。同一周，纽约市库默市长签署了纽约法案，新奥尔良州和上海的监管机构也分别与爱彼迎达成了协议（勒汉提到人们喜欢"过度引用"纽约市的案例，但他及其他人指出，爱彼迎平台如今规模庞大，整家公司不会只驻足于一个地方。这似乎颇有道理：据 Airdna 的数据估计，纽约市爱彼迎房东的总收入占美国房东总收入的 10%，占全球房东总收入的 3%）。勒汉告诉我，在爱彼迎评定的前 100 强重要市场中，其中 75—80 个市场"已相当完善或步入正轨"，另外10 个市场"稍有停滞"，剩下的 10 个则"仍一直存在纷争"。公司的四个核心市场是纽约市、旧金山市、柏林和巴塞罗那。

勒汉称，这些冲突频发的地方面临种种困难，它们的共同点在于当地的政策独树一帜。在巴塞罗那，政府对哥特区的游客人满为患颇感棘手。在旧金山，政府大胆革新的理念与稳健富有的技术产业之间存在权力斗争，这也导致了房源短缺这一核心问题。在柏林，禁止短期租赁没有经营许可证的整套住宅，对违规者的罚款高达 11.5 万美元。自德国统一以来，房产问题长期存在，目前因难民危机而加剧。纽约当然是被勒汉称为"酒店行业聚集"的中心。

掌控各地政策是勒汉的专长，他深知赢得爱彼迎的法规纷争的关键在于动员房东。他指出爱彼迎拥有一些其他私营企业不具备的东西：几十万的房东和房客，他们可以组建"变革军团"。他的解决方案是：发挥草根动员的力量，就像公司应对纽约总检察长首轮施压时那样，但这次活动的规模堪比总统竞选，并将在世界各地发起。

按照他的想法，有两大独特元素可以让爱彼迎发动这场变革。

一是规模。仅在美国，公司的用户群就大于一些美国最大的特殊利益集团，比如塞拉俱乐部、美国教师联合会和人权组织。爱彼迎用户群中大多都是临时用户，勒汉将他们归为"基础选民"，即那些参与度更高但规模更小的房东，人数可达几百万，以及被称为"随机选民"的房客。但是，该公司的投票表明，即使是临时房客也很容易动员，而在某些市场中，一般有 5%—15% 的"普通选民"以某种方式使用过爱彼迎。"如果说政客们擅长干什么，那一定是数学，"他说，"数据最能令人信服。"

二是经济模型。爱彼迎的"基础选民"不仅对此信服，他们还要从中赚钱。爱彼迎房东留存所有入住收入，但公司要向房东收取 3% 的服务费。"他们每收取 1 美元，就能赚取 97 美分，"勒汉指出，"所有因素综合起来，便能得出我认为这能产生巨大的政治破坏力的原因。"

勒汉着手实施前，已经完成了一些基础工作。2013—2014年，爱彼迎付出了更多努力，在遭受反对的三大城市（纽约市、旧金山市以及巴塞罗那）集结其用户，比如道格拉斯·阿特金在纽约总检察长调查期间曾发起一项请愿运动。这是一项被称为"星星之火"的复杂动员方法，源自奥巴马总统的竞选策略。具体来讲，即发动用户的"雪花"模式，这是一种植根于群众、自下而上的运动模式，让志愿者自发组织和相互学习。这种策略能逐步提升用户群的诉求，使"承诺曲线"呈上升趋势，先是出席会议或发送推文，随后撰写报纸专栏，旨在尽可能激发人们的激情。"你可以播一堆电视广告，产生一定影响，"勒汉说，"但是，如果你是一位市议员，那就得接听几百个电话，简直糟透了。这就是实情。"

勒汉主要负责将自己的政治宣传能力运用于"星星之火"模式，将其扩展并推广到全球100个重点城市。他的计划以房屋共享俱乐部为基础，俱乐部里房东人数少则10—15人，多则几百人，勒汉把其视作现代版的行业协会。爱彼迎组建了这些俱乐部，为其提供基础设施和支持，但由俱乐部自订章程和确立目标，最后发展成公民政治团体。"这些俱乐部必须由你领导和组建，你也必须是其中一员，"他在2015年巴黎房东大会上向5000名房东阐述了这一想法，"我们将尽力提供宣传途径，但你们的心声将决定一切。"

勒汉测试了这种方法的可行性：2015年他动员旧金山房东抗议"F提案"①（Proposition F）。这是一项限制短期租赁的投票计划，与纽约市同步进行，而后者爆发了爱彼迎备受瞩目的法规战。旧金山市早前就和爱彼迎达成协议，同意短期租赁合法化，并于2014年秋通过了所谓的"爱彼迎法"，爱彼迎同意设置每年房东整套出租住宅天数的上限，并要求房东在旧金山登记注册。但法案通过后，反对的呼声越来越高。随即又出台"F提案"降低天数的上限，要求提供季度数据报告，赋予邻居和房产公司提出法律诉讼的权力。为此，爱彼迎专门拨款800万美元资助抗议活动，勒汉指派了一支经验丰富的现场组织团队和数百名志愿者负责动员用户群。最后，13.8万名用户敲响了28.5万户房门，接洽了6.7万名选民以对抗这一提案（800万美元资金主要用于广告，包括电视广告和一系列带有挖苦和讽刺意味的广告牌："亲爱的公共图书馆系统，我们希望你们使用1200万美元的酒店税来延长图书馆开放期。爱你的爱彼迎。"这些广告引发了强烈反响，公司撤销了这些广告标语，并致以歉意）。

这场反对活动取得了巨大的胜利，但只是昙花一现。2016年6月，监管委员会通过了新法规，要求短租平台自行清查房源，确保所有房东均已注册，未注册的房源每天罚款1000美元。几

---

① "F提案"将对爱彼迎的业务运营采取更为严格的管理措施，如果该法案通过，爱彼迎每年的短租时间将最多不能超过75天。——译者注

周后，爱彼迎向旧金山市提起诉讼。在我撰写本书期间，和纽约市的情形一样，诉讼还在法庭审理阶段。

不惧怕挑战

爱彼迎面临一个难题：它希望在纽约市及其他城市拓展业务，但实现方式务求简单朴实。切斯基说："人们的交流互动越多，我们离达成宗旨就越近。"但有个巨大的挑战横亘在眼前：如何促成爱彼迎倡导的充满人情味的宾至如归感觉？如何营造热情好客的房东之家模式，并予以实现？如同大多数事情一样，公司的创始人将这视为一项设计挑战。

解决办法之一是建立与业主的合作伙伴关系。爱彼迎植根于城市，在许多地方无论当地的法律做何规定，如果业主不同意，居住者就不能在爱彼迎平台进行短期租赁。许多人都不赞同短期出租房屋，因为这会违犯住宅章程或当地法规，而且往往是业主而非租户会被罚款。有时业主是无电梯大楼的小本经营者，但许多租住城市公寓的人都是从少数几个巨头业主手中租来的，即那些大型房地产公司，比如阿瓦隆湾社区、卡姆登资产信托基金和公平住屋信托公司等。这些公司掌控着美国各地数十万套公寓，它们将房屋主要租给千禧一代的年轻人。房地产公司通常会招募大型的物业管理团队对住房进行日常管理，但制定规则并写成标准租约的是业主。各个击破业主群体，让他们改变规则，进而同意共享房屋，这会为爱彼迎赢得巨大的收益。理想情况下，爱彼迎谋求的收益就是让普通居住者无论自己是否在家均可出租房屋。

　　过去几年里，爱彼迎一直致力于与这些租赁企业集团建立联盟。2016年，《财富》杂志的科技记者基亚·科卡利奇瓦报道了一个名为"爱彼迎友好建筑计划"的新项目，大型多户住宅楼的业主和开发商可以与爱彼迎签约成为合作伙伴。依据协议，这些大楼允许租户在爱彼迎上出租楼内住宅。反过来，开发商有权制定一些相关规定，如明确入住时间和天数，并分享部分租金。订单仍然在爱彼迎平台生成，但爱彼迎说公司会向业主公布租客的交易情况和具体出租房号数据。这一想法符合业主的利益：他们的主要目的是不让房产空置，签订长期租约，获取稳定的收入。切斯基和爱彼迎所做的努力是为了公司的核心用户——千禧一代的租房者，他们只想入住可以共享的房屋。爱彼迎贯穿了他们整个成年时代的生活，就像他们可以做很多其他事情一样，他们觉得那部分收入来源理所应当。如果你支持爱彼迎并使租户共享所住房屋合法化——或者正如向业主宣传的那样——那么你的大楼将更易住满，拥有更高的入住率，而且因为你的租户拥有额外的收入来源，你更易按时收到租金，这将增加对投资者的吸引力。在我撰写本书时，约2000套住宅的业主已经签订合作协议，这只是潜在市场的一小部分，爱彼迎希望一些房地产大鱼能够上钩。

未来，爱彼迎公司希望进一步加强合作关系。房地产公司还新建了内有成千上万套房屋的新公寓，爱彼迎也正在与它们协商设计新的公寓布局，专用于房屋共享，比如增设浴室的公寓，或更有利于招待客人的房间布局——第二间卧室靠近屋内浴室，位于主卧室的起居区对面。

他告诉我这些计划之后，我向切斯基指出，毋庸置疑，这在纽约市行不通，因为在那里最流行的爱彼迎短租模式——你在外出时出租公寓——属于非法行为。切斯基则说业主遍及全国，并非仅限于纽约市。"但是这个想法假定……"我话音未落，他点头继续补充道："一个晴朗的天际。"

在问题出现前解决它

切斯基相当乐观，笃信自己一定能拨开云雾见晴空。他认为，爱彼迎已经从纽约市的战斗中吸取教训，那里的反对者曾批评公司对当地法律法规置若罔闻。"我们学到的不是等待问题出现，"2016年夏，切斯基在《财富》杂志举办的头脑风暴技术大会上告知听众，"如果你想与某个城市合作，应该去了解这座城市。如果你首先到达，并怀有一腔热忱，便能最终建立起合作伙伴关系。如果某个城市主动找上了门，那么你可能会陷入多年的潜在冲突。"

一些市场继续打压爱彼迎。2015年春，尽管有上百名爱彼迎用户进行抗议，圣莫尼卡市还是制定了当时美国最严格的短期租赁法，低于 30 天的整套房屋短期租赁活动遭到彻底禁止。只有留在家里的房东才能出租屋内的房间，而且还要满足一些附加条件，比如持有圣莫尼卡市的营业执照，遵守城市火灾和建筑规范，缴纳 14% 的酒店税（这些新规定让爱彼迎的房东兼创始人司格特陷入了困境）。

爱彼迎在冰岛的雷克雅未克有着重要的影响力，虽然该地区的市场偏小，但酒店的接待能力难以满足其蓬勃发展的旅游业。爱彼迎的房源填补了这一空白，而且这个小城市现在的人均爱彼迎房源数量是旧金山和罗马等城市的两倍。研究人员估计，雷克雅未克至少有 5% 的房屋在爱彼迎上出租，加剧了房屋供应的紧张局势。因此该市制定了严格的规定——房东需要注册并支付费用，获批缴纳营业税之前，每年的租赁天数不能超过 90 天。在我撰写本书期间，多伦多和温哥华的短期租赁危机正在加剧，伦敦的新市长萨迪克汗也表示出于对经济适用房和邻居生活质量的担忧，将会修订伦敦的短期租赁法律。

与此同时，使用爱彼迎的人已经习惯于容忍某些市场缺乏明确规定的做法。房东告知许多在爱彼迎上订过房的旅行者，他们得哄骗走廊上遇见的邻居，说自己是房东远方的朋友或前来探亲的亲戚。我的一位朋友曾去洛杉矶度假，房东告诉她钥匙藏在一堆自行车里，如果有人问起，就称自己是房东的朋友。即便在纽约通过短期租赁法案之前，业主也许已留意到越来越多的租户冒出了一堆朋友，这些人拖着行李，为了"照顾野猫"而频繁进出公寓。

那些合法出租的房东也更注重遵守规定。纽约市房东克里斯·加托表示："明文规定出台之前，我会尽可能地遵守规定。"他出租了一间空置的房间，所以他在纽约的租赁行为是合法的，但他必须确保给每位房客进行 10 分钟的全面介绍，指明灭火器和出口的位置，并在全屋安装清晰的指示标志。第三章里提到过充满激情的爱彼迎旅行者希拉·赖尔登，她将不会入住那些法规模棱两可的房源。"我不想待在有人质问我入住缘由的地方。"她说。依靠房屋共享发展浪潮发展业务的那些公司已经认清眼前这一现实，一切尘埃落定之前还需好几年的时间。交换钥匙的初创企业 Keycafe 的首席执行官克莱顿·布朗说："我们不得不受制于外部条件。"（同时，涌现了爱彼迎短租行业的一个新分支：开设公司专门负责帮助政府和业主清查违反短期租赁规定的租户。）

2015 年巴黎房东大会上，动员运动成为核心议程。"大家知道，作为房东，我认为多数时候我们会被人误解。"切斯基告诉人们，"我们不仅有时遭到误解，有时甚至遭到攻击。"他向房东们承诺，不久这一切将会发生改变。"因为他们看见的不仅仅是我们的房屋，还有我们真实的内心。"勒汉敦促他们采取行动。他说："我们将在接下来的几天、几个月甚至几年里参与多番战斗和斗争。但是爱彼迎注定会成为一种趋势，不会被击败。"房东们一起向前迈进，勒汉告诉他们："我们的口号是'早睡早起，拼命工作，团结一致'。"

满足用户的需求，难题就会解决

从长远来看，大多数专家和观察家认为，爱彼迎胜算的可能性很大，即使某些市场的规定十分严格，公司终究还是有正常运营的回旋余地，原因只有一个：它满足了消费者的需求。你要了解爱彼迎发展壮大的历程，就得知道这与消费者群体的共鸣息息相关。就这点而言，与其说是房东倒不如说是这 1.4 亿多名预订和住宿的房客能最终左右监管机构的决策。"明天会比今天有更多的人租住房屋吗？ 是的，后天人数还会增多。"勒汉说，"公众已经开始使用爱彼迎，政客会很快迎合公众的喜好。"HomeAway 的联合创始人卡尔·谢泼德认为，那些选择不合作的监管者将头埋进了沙子，熟视无睹。"就像他们说的那样，'2015 年我不会融入世界'，"他告诉《洛杉矶时报》，"你要么完全予以否认，要么找到四平八稳的办法。"

你可以通过多种方式衡量爱彼迎的消费者热情，但这些方式有一大共同点，即把爱彼迎视为货运列车。Quinnipiac 调查发现，在纽约支持爱彼迎的人为 56%，而反对者仅为 36%（撰写本书期间，我观察到纽约人的一大显著现象，他们抱怨居住在楼里的那些临时邻居，自己旅行时却会使用爱彼迎订房）。

在纽约，爱彼迎虽然遭到酒店行业的排斥，但更大范围的商业圈却有条不紊地支持爱彼迎。凯西·维尔德是纽约市伙伴关系总裁，这是由纽约市大型企业和私营企业首席执行官组成的非营利组织。他告诉《房地产交易》杂志:"我们认为仍有余地找到一种多方共赢的途径。"

是的,即使在专项法律明令禁止的情况下,爱彼迎仍不断占领市场,表现出一定程度上的憨直、无畏或完全无视权威,当然这些看法主要取决于你的立场态度。上百万消费者如此支持爱彼迎必有缘由。不仅仅是这三位年轻的公司创始人打破了规则,还有更强大的力量推波助澜:严重的经济衰退使人们希望旅行的成本更为低廉,或者抓住机会利用住宅赚点钱;由于酒店行业要价过高和过度商业化,大众对此颇感厌倦;新一轮千禧一代的价值观和态度观改变了旅行模式,年轻人纷纷追逐更加潇洒、不拘一格、原汁原味的旅程,这不仅大受欢迎,还演变为一种生活方式;对政府的信任不断下滑,这种现象尤其见于中产阶级之中,人们想要寻求自给自足的赚钱方式。弄清这些力量有助于监管机构了解爱彼迎风行的缘由,以及为什么它的用户时刻准备着持剑迎战。面临5万美元罚款的萨凡纳房东乔纳森·摩根说:"告诉城市官员们,胜利最终属于我们。告诉他们,我会一直抗争,至死方休,我比你们年轻得多。"

其他许多行业在发展过程中也经历过同样的监管问题。亿贝在投入市场时,曾面临过传统零售商施加的强大阻力。其反对派试图通过一项法律,要求用户在亿贝平台上销售东西时须持有拍卖人牌照。从贝宝到Square再到Stripe,这些支付类初创公司必须向监管机构证明自己的合法性,因为那些监管机构对在线货币交易的想法感到恐惧。爱彼迎的董事会成员杰夫·乔丹表示："成功就会实现合法化。"（当然，并不是所有受欢迎的技术都能胜出——对等音乐共享服务 Napster 曾因侵犯版权的问题而被关停，可流媒体音乐之后却广为流行，这一行业也设计了一种收费方式。）爱彼迎的投资者似乎没有太在意这个问题。里德·霍夫曼说："我认为最终我们将会发展到世界应有的状态，最多不过有些地方发展较慢而已。矛盾的是，两大美国城市（纽约和旧金山）拥有最大胆创新的技术，却也是全世界问题最突出的区域。"

切斯基在谈话时喜欢引经据典，经常改用萧伯纳的话："明事理的人会主动适应环境，不明事理的人却想让环境适应自己。因此，所有的进步都要靠不明事理的人。"这句话在硅谷流传甚广，在那里大批的创始人常因新奇的想法获得大量资助，进而促使法律规定有利于公司发展，他们以此为傲。

正是出于这一原因，切斯基对爱彼迎遭遇如此多的挫败并不诧异。"在开始创业时，我就知道如果要获得成功，就必然会引发一些争议。"在爱彼迎总部的董事长办公室里，他反思了片刻后告诉我这句话。董事长办公室是 2015 年仿造 1917 年的行政办公室样式装修的。他说，回想 2007 年休假的那段日子，当时他失去了工作，心灰意冷，在纽约尼什卡纳的家中随口谈起"充气床垫与早餐"的想法，许多人对这一想法的本能反应是：非喜则厌。"有人说'太棒了，忍不住想尝试一下'，也有人说'我才不想居住区附近出现这种情况'。"2010 年，当他首次耳闻纽约市的新法规时，监管者向他保证新法规不会针对爱彼迎，且不会对其用户造成影响，可一种不好的预感悄悄袭上心头。他记得当时考虑的是"情况似乎有点'不妙'，因为这涉及法律法规"。

即使萧伯纳也可能会说这是一个合理的推测。

切斯基自信事情总会有解决办法，"就算如此，我还年轻"。他认为最终会通过一项法律，允许人们在爱彼迎上出租自家住宅，而禁止在纽约出租只用于租赁的住宅和第二套房。他还认为，爱彼迎会为纽约市收缴税款。"我料到这些事会如约而至，也深知公司这几年在纽约必然会遭遇一番激战。"

倘若一切在意料之中，整个事件会让切斯基调整一下未来的计划。早在2007年，难以想象爱彼迎会拥有1万套短租房源，更不用说300万了。现在他目睹了竞争方的反对，开始综合考虑公司的发展以及可能的挫败，更小心翼翼地规划公司下一阶段的发展路线，并积极付诸实践。他让我预览了一下公司的新发展计划，随后说道："经过全方位考虑，我设计了这个蓝图。这会给居民区带来什么影响？我们要扩充用户，还是精简用户？这一切肯定会招致批评。这是我学会的第一件事。"

还有一些人态度不同，他们选择不屑一顾。他们称尽管这是个令人头疼的问题，但一切都在可预测的范围内。爱彼迎能取得今天的成就，除了三位创始人的努力外，赛贝尔便是第四位功臣。他表示："该冲突百分之百不可避免，一旦你冲击了一个庞大的行业，试图在行业内为自己争得一席之地，各种利益集团就会站出来阻止你。如果不懂防御之道，他们也不会打造出一个价值10亿美元的酒店产业。你需要履行的职责越多，你能动用的政治手段就越多。"最后赛贝尔称，一呼百应，投票的人肯定是消费者群体，赢得胜利的也是他们。

切斯基还喜欢引用维克多·雨果的话："你不能扼杀一个迎合时代潮流的想法。"在2014年的房东大会上，他这样告诉听众。但赛贝尔总结得更精辟："最后人们喜欢使用爱彼迎吗？青睐爱彼迎的人会成倍增加吗？答案是肯定的。"他说："其他一切问题都可以解决，只要有人才、时间和资金，一切皆可解决。"

他继而说道："只要你满足了人们的需求，难题就会迎刃而解。"

第六章

原则6：触达新用户

> 这是世界的发展趋势，大家应当欣然接受。
>
> ——塞巴斯蒂安·巴赞　雅高酒店集团主席

1951年，一位孟菲斯商人凯蒙斯·威尔逊膝下有5个子女，因其爱妻一直希望全家出门度假，他便不得不从繁忙的事务中抽身陪同家人。他把一家人塞进小汽车，然后驱车前往华盛顿特区游览。

路边的次等汽车旅馆令他们非常失望，房间狭小，床铺不舒适，每个孩子还要加收费用，由此威尔逊窥见了商机。他们到达华盛顿特区前，他脑海里冒出了一个想法：在全国范围内兴建400家汽车连锁旅馆，全部建在高速公路出口处，两处的距离仅需一天车程。这样的汽车旅馆务必干净实惠，并且最重要的是规范一致：房间连每一平方英寸都按标准化设计，因此无论客人身在何处，都会预先知道房间内部的布局。旅途中他对入住过的每一个房间进行仔细测量，计算出理想的尺寸。回到孟菲斯后，他立即请绘图员绘制草图。当时他碰巧正在观看一部名为《假日酒店》的影片，由宾·克罗斯比主演，顺手在图纸的顶部写下了这个名字。一年后，即1952年，在孟菲斯，世界上第一家假日酒店诞生，在孟菲斯位于通往纳什维尔的高速公路边。次年，威尔逊又建了三家酒店。

这些假日酒店的确非常规范，干净整洁，适合家庭出行（儿童不收附加费用），也方便旅行者入住。当时，这算是一项革命性的创举。这个创意开始扎根，继而扩张，最后成为一个全球品牌，其显著的标志是印有公司徽标的路边招牌，高达15米。截至1972年，假日酒店在全球拥有1400家分店，并以"世界旅店"的称号荣登《时代》杂志封面。

威尔逊不是唯一拥有这种创意的人。1920年石油业兴盛时期，得克萨斯州一位名叫康拉德·希尔顿的年轻人开始收购酒店。1957年，在弗吉尼亚州的阿灵顿，小马里奥特创立双桥万豪汽车旅馆。总的来说，和其他人一样，他们引领了一个路边汽车旅馆连锁时代，迎合了大众市场，规范统一，随处可见，这种颠覆性的理念在酒店行业史无前例。过去，住宿一般限于家庭旅馆、单个的小型汽车旅馆或者旅游地昂贵的城市酒店和大型度假屋。但创新的条件业已成熟：数百万的退伍军人从战场归来，开始组建家庭；战后的经济繁荣加速了新兴中产阶级的发展壮大，数百万家庭购买私人汽车，随心所欲地出行；在艾森豪威尔总统的支持下，联邦公路法得以颁布，州际高速公路建设的伟大时代来临，曾是富人特权的旅行现已成为大众消遣娱乐的方式。

威尔逊、万豪、希尔顿等是酒店行业的第一批革新者。它们以全新的视角来定义旅游出行，动摇了传统理念，累积了财富，为现代连锁集团铺平了道路。

63年后的2015年10月，酒店行业最新一代革新者代表又站在了历史舞台上，直面一群酒店和房地产高管。"我是你们中的一员，"奇普·康利在旧金山举行的2015年城市土地研究会秋季大会上信心百倍地说，"我是活生生的例子，老家伙也能学会新把戏。"他曾是酒店企业家，现在是爱彼迎的高管，给听众讲述酒店行业的创新发展史，谈到自己两度经历酒店行业革新，从中吸取的一些经验教训。起初他是一名精品酒店创业者，1987年创建了杰德威尔雷克斯酒店，现在是爱彼迎的高管。他引领听众置身于酒店行业变革的现代史，从路边汽车旅馆漫谈到所谓的精品酒店，进而谈到短期租赁抑或"房屋共享"的兴起。他发言的核心内容是：酒店行业历经数次变革，每次革新都会解决一些之前无法满足的需求，目前连锁产业已步入正轨，众望所归。他说："随着时间的流逝，对于那些正在经营大公司的人来说，你们会倍感欣慰，公司乐于接受那些代表长久趋势的创新。"

爱彼迎和酒店行业之间的关系纷繁复杂，并随着时间的推移而不断发展。爱彼迎竭力对外宣传自己不是酒店行业的颠覆者，并且描绘了一幅友好共存的画卷。"我们取得成功并不意味着酒店行业就会一败涂地。"切斯基乐于这样评价,他和其团队频繁地抛出这类论调。人们入住爱彼迎客房的天数通常要比传统酒店多一些,爱彼迎大约3/4的房源都位于大型酒店所在的区域之外。爱彼迎旨在吸引更大的客户群。用科技行业的术语来说,"用例"①(use case)各不相同。许多旅行者在出门旅行前常和朋友及家人待在一起,因此切斯基在城市土地研究会议上对听众说:"如果非要说我们颠覆了什么,那么我们也许破坏了你们与父母共处的时光。"爱彼迎还指出酒店行业的入住率在2015年创历史新高。如果爱彼迎真正颠覆了酒店业务,那又怎会出现这种情况呢?"没有酒店因为爱彼迎而歇业。"柏思齐对《环球邮报》说。切斯基明确表示不太喜欢"颠覆者"这个词。"我从不喜欢这个词,因为我小时候在课堂上总爱搞破坏,而这从来就不被人们视作一件好事。"他在城市土地研究会上发言道。

但不可否认,爱彼迎给酒店行业带来了冲击。爱彼迎的房源每晚留宿了数百万人,它就像野草一样疯长。它迎合了千禧一代的梦想,而这群人是最重要的住宿人群。因此,爱彼迎越是壮大,就会有越多的酒店企业将其视为颇具破坏力的威胁,它们把爱彼迎看作不按常规运营的公司。同时,它们也承认爱彼迎已经挖掘出了一些没有得到满足的基本需求,对此深感佩服。(2016

---

① 在软件工程中,用例是一种在开发新系统或者改进软件时捕获潜在需求的技术。每个用例提供了一个或多个场景,该场景揭示了系统是如何与最终用户或其他系统交互的,从而获得一个明确的业务目标。——译者注

年初，Choice Hotels 的总裁史蒂文·乔伊斯在美洲住宿投资峰会上对听众说："我要向他们脱帽致敬，他们觉察到我们错失的商机。"）这导致了一种变幻莫测的局面，酒店企业一方面资助爱彼迎的反对者，另一方面却小心谨慎地开始探寻短期租赁的发展趋势，要么自己亲自尝试，要么购买或投资其他公司，或者与其他公司建立合作伙伴关系，比如从新兴"另类住宿"行业里涌现的数十家初创公司中选择其一。

总的来说，酒店行业对爱彼迎的留意和认知过于滞后。旅行行业专业媒体 Skift 的编辑兼联合创始人杰森·克兰佩特回忆起 2013 年与一位大型连锁酒店的首席财务官会面的情形。当克兰佩特问他有关爱彼迎的看法时，他竟回答说："什么是爱彼迎？"2016 年秋，克兰佩特说："直到最近这一年半，他们才跟上了前沿动态。"大部分酒店的高管认为，爱彼迎的客户群与他们无关。"我们曾仔细推敲思考过，也做过大量研究，"2015 年底，希尔顿集团总裁兼首席执行官克里斯托弗·纳赛塔在盈利电话会议上说道，"随着时间的推移，我认为投资者看清了爱彼迎的实质，这是一家前途光明的公司，但它不可能占有 100% 的市场，它的运营模式与我们的截然不同，我们均有机会发展自己极其成功的商业模式。"他称爱彼迎很难提供与希尔顿相媲美的服务。"我认为我们的核心客户不会猛然醒来说：'我们真的不在乎一贯的优质产品，我们不需要服务，我们不需要便利设施。'这根本不可能。"

2013 年，消费者互联网综合集团 IAC 的创始人兼在线旅游巨头 Expedia 的董事长巴里·迪勒对《彭博商业周刊》说，他认为爱彼迎并没有从城市酒店行业那里截获许多业务。他说："我认为它的客户群是那些出于胆怯、经济拮据而无法旅行的人，或借助旅游缓解孤独的人，短租民宿的房间无法与赫尔姆斯利酒店的房间相提并论。"纽约房地产开发商理查德·勒法拉克也从旁帮腔，向《商业观察家》说道："住在喜达屋酒店，还是入住别人家，并不是我说了算。"

贝斯特韦斯特酒店首席执行官江大卫记得 2011 年一次小组讨论时的发言，有人问他对共享经济的看法。"那时我说爱彼迎看准了市场定位。我们可以共存，它不会对我们造成太大影响，"江大卫回忆道，"自此之后，爱彼迎发展势头强劲，每年的规模翻倍。"

2015 年，万豪国际执行董事长兼董事会主席比尔·马里奥特承认，爱彼迎已经成为竞争对手。"对我们而言，爱彼迎是真正的颠覆者。"他说，并指出爱彼迎在奥兰多的可住房源比万豪酒店多。他说："只要在奥兰多有套公寓——那里公寓众多——就可以在爱彼迎上出租。"他也承认爱彼迎的创意不错。"这是一个很好的理念。"他补充说。"不过你会忧心住宿质量，民宿没有统一标准，你可能想带上自己的毛巾。"他轻声笑道。

酒店行业的领导者煞费苦心地和爱彼迎周旋。2014 年初，六大顶级酒店企业中的四家首席执行官及行政团队分别到访爱彼迎总部，各自进行了一天或一天半的"深入考察"。随着爱彼迎日益壮大，它和酒店行业的关系日渐冷淡，竞争日益激烈。酒店行业近年来曾有过辉煌的业绩，这一行业过去几年来一直处于上升阶段，2015年每间房的入住率和收益达到了历史新高，而每间客房的收益是业界的主要衡量指标，有迹象表明这一周期已经达到顶峰。2016年，全行业的供应量开始超过需求。在我撰写本书期间，入住率预计将趋平或下降，而2017年的住房需求、入住率、平均每日利率和每间可用客房收入将继续下滑。纽约的情况更加糟糕，过去几年来经济运行状况一直很疲软。

酒店行业之所以萧条，还因为美元走强以及某些市场供过于求。特别是在纽约，酒店行业处于前所未有的建筑热潮之中（纽约人可能会注意到近年来在曼哈顿和布鲁克林的街边，常常冒出新建的经济廉价型酒店，夺人眼球）。这种疲软情况也越来越与来自爱彼迎的竞争密切相关。2016年9月的一份报告中，穆迪认为爱彼迎"从市场提取需求"的做法导致了行业需求增长放缓。"爱彼迎将继续蚕食传统住宿业。"CBRE[①]在2016年的一份名叫《房屋共享经济》的报告中总结道。该报告创建了一个爱彼迎竞争指数，发现该公司在纽约和旧金山的影响最大。"特别是在纽约，我们可以看到自2009年以来酒店业绩非常疲软，纽约市的酒店入住情况虽然有所好转，但失去了定价能力，我们认为爱彼迎难辞其咎。"CBRE公司资深经济学家杰米·莱恩说。

[①] CBRE的总部位于美国加利福尼亚州洛杉矶，是《财富》世界500强和标准普尔500强企业，为全球最大的商业房地产服务公司。——译者注

波士顿大学的研究人员在得克萨斯州进行了一项研究,这项常被引用的研究表明,爱彼迎导致酒店收入明显下滑,爱彼迎在奥斯汀的运营导致最弱势的酒店收入下降了8%—10%。报告指出,旺季期间,酒店的定价能力不同程度地被削弱了,其中备受冲击的是低端酒店以及缺乏会议设施的酒店。研究人员发现,"爱彼迎作为市场的一员,它给酒店带来了风险,并呈加剧趋势"。

酒店的一个重要赢利方式就是所谓的压缩定价,即在高峰需求时提高房价的能力。这段时期的每日入住只占全年每日入住的10%—15%,却是关键的收入来源。爱彼迎让酒店管理层深感局促不安的另一件事是,如果某座城市要召开大会,爱彼迎的房源可以立即扩充以满足需求。过去,旅行者会支付更高的房价,或者不辞辛苦去郊区找寻价格合理的房间,而现在他们可以借助爱彼迎平台。"下次你再参加会议时,不妨问问大家:'你们有多少人住在爱彼迎的房源里?'"贝斯特韦斯特酒店的江大卫打趣道,"你会看见越来越多的人举起双手,因此怎么能说酒店行业不受影响呢?"

即使对于那些受冲击极小的酒店企业来说,尽管爱彼迎如今的影响力较小,但由于其接近零的边际成本和几乎能一夜之间扩展新市场的能力,它就能飞速发展,随之其影响力也会扩大。巴克莱银行的投资者笔录里写道:"无论我们如今如何总结爱彼迎引发的风险,我们都应该意识到,如果该公司持续发展,这一威胁可能在下一年内翻倍。"

几年来，酒店行业管理人员、一些幕后人员和其他外联人员，纷纷携手对抗爱彼迎。酒店行业的游说团队——美国酒店住宿协会——一直在纽约和旧金山积极参与抵制爱彼迎的运动。酒店行业高管及其代理人表示，他们并不反对房屋共享，但他们反对所谓的非法酒店，即那些通过爱彼迎进行短租的租赁型住宅，称爱彼迎应该与酒店在一个公平竞争的环境中运营：房东应该遵守消防安全规定、预防疾病的行业标准以及美国残疾人法案，并缴纳应付税款。他们口中的颠覆者曾经相当稚嫩、无足轻重，现在却成了重量级的竞争对手。他们称爱彼迎能发展到现在的规模，主要是因为它能够完全不受限制地扩张，但这不公平。因此，虽然许多业内人士坚持认为两者之间不存在竞争，但是这种说法似乎越来越难以自圆其说。

爱彼迎不能完全说自己没有蚕食酒店业务，因为其发展领域还是瞄准了酒店的核心业务：商务旅行。这部分市场利润丰厚，企业客户非常在意员工的安全等，因为如果出现问题，雇主须负责任。2014 年，爱彼迎宣布与差旅费用管理服务供应商 Concur 合作，正式确认爱彼迎可作为企业差旅提供者，随后爱彼迎制订了稳健的发展计划。2015 年，爱彼迎推出了"商务爱彼迎"计划。这是一项整租房源认证计划，房源必须满足相应的评价等级和房客回复率，并达到某些标准，比如提供全天候入住、Wi-Fi、方便使用笔记本电脑的工作间、衣架、熨斗、吹风机和洗发水等。爱彼迎向房东宣传的好处有：他们可获取一枚特别徽标，他们的房源便能脱颖而出，优先推介给一批高薪、专业且高素质的房客；他们还能填补日历上的房屋空置期或传统意义上的淡季，因为商务旅行者经常在工作日和淡季预订房源。爱彼迎的商务旅行网站声称"适合任何类型的商务旅行"，吹捧其住宿期限长，远离办公区，住所幽静，而且安排团队旅行。

截至 2016 年春，爱彼迎说自己已经和 5 万家公司签约，其中绝大多数是中小型企业，员工出差需求频繁。但它也签订了摩根士丹利和谷歌这样的重量级客户。几个月后，爱彼迎宣布与美国运通全球商务旅行、BCD 旅行和嘉信力旅运公司等确立伙伴关系。以上这些都是提供旅行服务的重量级公司，协助爱彼迎处理许多公司旅行需求的后端业务。这些协议表明，商务旅行圈越来越看重爱彼迎能满足外出员工不断增长的需求。Carlson Wagonlit 旅运公司表示，其数据显示 1/10 的商务旅行者都在使用爱彼迎，对千禧一代而言比例升至 21%。公开这些协议后，Quartz 网站上出现了这样的标题："爱彼迎让酒店行业真正担忧的时刻到了。"

康利表示，与传统酒店企业相比，商务旅行占爱彼迎总销售额的比例较小，估计将增长到爱彼迎业务的 20%。他指出，预订爱彼迎的商务旅行者更年轻，他们的旅程安排有所不同——他们租住的时间往往更长，平均逗留 6 天左右——康利称之为"商务休闲"趋势，即旅行者将休闲体验与商务旅行相结合。爱彼迎也开始大举进军会议和重要盛事市场。康利在一场讨论重要盛事安排的大会上发言，这场会议的议题是会议业务，他提到爱彼迎可以推出个性定制商务旅行，并暗示这在会议产业算是"次要角色"。虽然爱彼迎对进军婚礼业务并未透露太多，但在其网站上有一个"终极婚礼目的地"的愿望清单，比如 2016 年夏推出的房源包括英国一座 16 世纪的石屋、意大利的别墅以及加利福尼亚州摩罗戈谷的"拉尔夫·劳伦风格的牧场"。虽说这些房源没有注明"适合举办婚礼"，但这可能只是时间问题。

综合以上因素，爱彼迎很难称它不会对酒店行业的业务构成挑战。酒店行业最应该担心的事情是爱彼迎的用户对这个平台的钟爱程度。高盛公司发起了一项对 2000 名消费者的调查，以衡量人们对点对点住宿的看法。虽然大多受访者不太熟悉这一概念，但对此熟知的受访者从 2015 年初的 24% 上升到了 2016 年初的 40%。熟知这些网站的人中约有一半使用过它们，这些网站包括爱彼迎、HomeAway、FlipKey 等。如果他们在过去 5 年里入住过这些民宿，则其对传统酒店的好感度会降低一半。研究人员发现，即使他们使用这些网站预订房间的天数不到五晚，受调查的这些消费者也往往存在这种"偏好的戏剧性改变"。研究人员说，他们发现人们的看法明显"180 度大转变"。

当然，这并非酒店行业首度遭遇颠覆。康利在城市土地研究会上指出，20 世纪 50 年代，大众市场连锁的理念也是一种颠覆革新。他继续说道，自那以后，这一行业出现了许多新秀。20 世纪 60 年代，欧洲的一些企业家提出了一个新颖的想法，即将休闲旅行与拥有房产的蓬勃兴致融合在一起：你可以购买某处房产的"使用权",而不是直接买断。如此一来,你度假时就会"拥有"该房产,而不是租用。这种新模式逐渐风行,迅速蔓延到美国。现代分时度假行业由此诞生,一段时间后,大酒店品牌进入市场。

1984年,伊恩·施拉格和斯蒂夫·鲁贝尔(施拉格在54 Studio俱乐部的业务伙伴)推出了一种全新的酒店概念。他们在麦迪逊大街改建了一座旧建筑,并在纽约开设了摩根酒店。酒店以设计和社交空间为重点,吸引了一批时髦人士,迅速成为"气氛热烈的现场"。在西海岸,比尔·金普顿也用同样的理念在金普顿酒店试行,将别具一格的房产改造成小酒店,突出设计和公共场所的氛围。

金普顿酒店在美国各地开设分店,而摩根酒店则一分为二——迈阿密的Delano酒店和纽约的Royalton酒店。康利亲身体验了一番,他先从位于旧金山Tenderloin街区的一家名为Phoenix的破败酒店开始,按叛逆的摇滚明星风格重新设计开张,瞄准流浪音乐家。

传统的连锁酒店不愿把自己打造成精品酒店,却比不上后者的收益。个性化、设计精良的新型酒店迎合了新一代旅行者的需求,酒店的社交氛围和设计美感对他们颇具吸引力。"我认为我们立足于酒店行业的未来,"当时施拉格告知《纽约时报》,"如果你独树一帜,人们便会频频叩门前来体验。"不久之后,连锁酒店纷纷效仿。1998年,喜达屋酒店开创了著名的W品牌,其他公司也迅速以此为榜样。最近,万豪与施拉格酒店联袂打造了一个名叫 Edition 的全新品牌，迄今为止在全球已有四处地产（更多的仍在建设中），其设计个性十足，看起来不像标准的万豪酒店风格。

近年来，酒店行业面临的另一个重大威胁来自网上旅行社的兴起，比如 Travelocity、Expedia、Priceline 和 Orbitz 等，它们使旅行者能在一个网站上获知多家品牌的折扣房价。连锁酒店会向大型分销平台收取高额佣金，因此多年来这些新兴公司只蚕食了连锁酒店的小部分业务。网上旅行社参与处理预订过程，由此"拥有"与客户的直接关系，而这种关系恰恰是酒店不愿意放弃的。但"9·11"事件以后，人们不愿外出旅游，第三方预订网站及其庞大的平台则成了填满客房的便捷方式，因此酒店给这些平台分配了更多的库存房源。现在收回这些业务实属不易——许多酒店正在进行大型广告宣传活动，以说服旅行者直接预订——经过多年的努力，网上旅行社赢得了争取优惠条款的优势。如今，Priceline 的市场价值超过了万豪、希尔顿和凯悦三家的总和。

尽管网上旅行社具有颠覆性影响，但还无法提供让人们夜间留宿的实惠住宅。因此，尽管高盛在其关于调查结果的报告中指出，许多服务行业已经历被互联网竞争者替代的威胁——以亚马逊、沃尔玛、网飞和 Blockbuster 为例，但所谓的点对点住宿标志着酒店行业首次面临被另类住宿替代的危险，其中最典型的例证便是爱彼迎。旅游媒体 Skift 的杰森·克兰佩特说："相比同一时代的其他品牌，爱彼迎对旅游行业的冲击激烈得多。"

把一代人培养成产品粉丝

毋庸置疑，爱彼迎既不是第一家，也绝不是唯一提供这类服务的公司。正如康利在城市土地研究会上的谈话指出的那样，20 世纪 50 年代，荷兰和瑞士的教师工会创建了一套"家庭互换"的做法，教师可以在夏季到对方国家旅行。现代在线短租行业可追溯至 20 世纪 90 年代中期，那时克雷格作为可发布房源的平台赚足了眼球，为旅行者和转租者提供房源信息，貌似无所不能。

与此同时，居住在科罗拉多州的一对夫妻戴夫·克洛斯和林恩·克洛斯需要出租自己在布雷肯里奇的滑雪公寓，当时购买这套公寓主要是为了投资。此外，他们还创建了一个名为"业主出租度假屋"的网站，即 VRBO.com 来发布租赁广告。当时，度假屋出租业务分散零碎，要么由当地房地产经纪人在专门的旅游杂志上刊登房源信息，要么将房源发布在昂贵的分类广告版面或美国 1-800 免费电话簿里。克洛斯的想法是，人们能够直接进行房屋租赁交易。戴夫·克洛斯在地下室组建了一个基础数据库，邀请一些朋友过来帮忙，很快他们就创建了一个网站（那时互联网刚刚起步，他们自称为"网站管理员"）。当时这是一个颠覆性的想法。大多数人在度假时仍住酒店，但新兴行业激发起人们对反传统的"副业主"理念产生浓厚兴趣，进而成为"业主租房理念的积极拥护者"，他们开始认可这种新型旅行方式。（听起来是不是很熟悉？）

到 2005 年左右，VRBO.com 的规模已经增长到拥有 6.5 万处房源，每年接待人数达 2500 万人次。业主的短期租赁已从旅游行业的一个分支发展为主流，颇受全球关注。起初克洛斯夫妇并未在技术和市场方面进行大规模投资，结果度假屋的需求量逐步超出了他们的经营能力。因此 2006 年，他们将公司卖给 HomeAway——这是一家 2005 年由得克萨斯州奥斯汀的布莱恩·夏普莱斯和卡尔·谢泼德新建的公司，希望将这些初出茅庐的全球度假租赁网站整合壮大。

HomeAway 接手后打造了一个非常成功的商业帝国，其整合策略使它从拥有 6000 套房源猛增加到如今的 120 万套。VRBO 和 HomeAway 都是传统意义上专注于度假屋出租的公司。HomeAway 已经收购了该行业的所有大公司，并吸引了大量投资，2011 年上市之前共筹集 4 亿多美元。

多年来，这些网站稳步发展，市场健康有序，主要起到网上公告的作用，即业主刊登房屋信息，与有意向的租客交流协商，交易付款直接在买家和卖家之间进行。

爱彼迎横空出世后，在一些重要环节采取了不同的做法。与之前的平台相比，爱彼迎的界面更便于操作。它用更有效的方式让业主和顾客相互交流，突显了房东的个性，并以堪比杂志摄影质量的照片展示房源。自成一体的系统囊括了一切程序：付款、信息交流和客户服务。它具有先进的技术终端，得益于硅谷黄金时代的新突破——强大且低成本的云计算、快捷的运行速度、精确的搜索和匹配功能。也许最为重要的是，其业务重心不是风景区的度假胜地，而是城市。尽管爱彼迎的树屋和帐篷屋备受瞩目，但爱彼迎从一开始走的就是城市路线，其根源在于千禧一代的旅行者都以城市为中心，千禧一代的房东希望靠自己的小型城市公寓赚点钱。

据 Airdna 报道，尽管爱彼迎已扩展到其他领域，但 2015 年，公司 70% 的整套出租房源仍是单间配套公寓、单卧室或两室住宅。由此开始，短租房不再只是限于湖泊、海滩或山地的大房子，还包括全世界各大城市中心的邻家公寓。这就是这一平台迅速发展，进而对酒店行业构成威胁的缘由，也是爱彼迎能在最初吸引这么多房东和房客的原因。这些用户并不是从其他度假租赁网站转向爱彼迎的，而是完全不同类型的用户。

长期以来，酒店行业觉得爱彼迎无足挂齿，如今才转而正视爱彼迎带来的挑战，高管们开始在业内大会上进行公开讨论。2016 年，在纽约大学国际酒店行业投资大会上，许多首席执行官论及爱彼迎发展的"第二阶段"，指出爱彼迎不是其竞争对手的原因以及酒店行业的优势——酒店以人为本，以服务为重点，其客户群永远不会消失，酒店行业只需继续发挥其优势即可（旅游媒体 Skift 将这些酒店高管的反应描述为"惊人的不温不火，特别是与爱彼迎消费群体的狂热大相径庭"）。

但是，有些人则说酒店行业需要认真思考一番。美国丽笙酒店的创始人兼卡尔森瑞德酒店集团首席运营官哈维尔·罗森伯格告诉听众，虽然爱彼迎的客户有所不同，更加关注休闲体验，但其成功之处仍值得研究："关键在于爱彼迎的'房屋共享'以及人人皆可做房东的理念，"他说道，"合格的房东会提供周到的服务，带着热忱的微笑欢迎你入住，贴心地招待你在他家留宿5—7天。从争夺市场主导权来看，我们该如何遏制这种趋势呢？"

不管爱彼迎是否存在，酒店行业已着手重新规划业务，从而赢得千禧一代的青睐，这个新兴大客户群的习惯和品位与之前的客户群差异显著。几年来，为了迎合年轻客户群的消费倾向，几乎所有的主要连锁酒店都开发了新品牌。万豪酒店除了和施拉格合作创立 Edition 酒店外，还推出了价格适中的全球连锁酒店 Moxy，其目标客户群是追求时尚但经济实力有限的年轻旅行者（万豪将这些人戏称为"寻乐者"），以及名为万豪 AC 的精致城市连锁酒店。希尔顿集团则推出了 Tru 和 Canopy 两大子品牌，据说其正在策划为年轻客户推出一系列"青旅式"酒店。贝斯特韦斯特大酒店旗下也有两个全新的精品酒店：GLō 酒店定位郊区市场，而 Vīb 酒店则是"时尚城市精品酒店"。为了吸引千禧一代客户群，几乎所有的酒店企业都力图丰富各种细节，比如无卡进入、流媒体内容、充电卡座、与租车公司优步和连锁美发沙龙 Drybar 等品牌合作，甚至有的酒店独辟蹊径，提供表情客房服务[①]。

[①] 表情客房服务（emoji-only room service）指客人向酒店前台发表情符号即可享受客房服务。——译者注

酒店也在努力捕捉推动爱彼迎发展的客户变化趋势，并将自己宣传为绝非标准化和常规化的商家。皇家加勒比海酒店最新的广告宣传口号是"这不只是旅游手册第三页的信息"①，而香格里拉酒店及度假村则鼓励客户"告别沉闷"。2016年春，凯悦酒店集团发布全新品牌The Unbound Collection by Hyatt，旨在精选一些高端酒店联手经营，各自保留其原有称谓和特色文化，从而使得这一联合品牌拥有"充足的社交货币"②。这家酒店指出，未来的Unbound品牌可能推出非酒店产品，如江河游轮及其他体验和"另类住宿"。凯悦酒店首席执行官马克·霍普马齐安在宣布推出新品牌时表示："这不仅仅是联营酒店，还是一系列消遣游玩的地方。"

霍普马齐安业已洞察到需要简化一些烦琐的程序和章程条款，唤起客户更多的"共鸣"。因此，登记流程得以改进，例如减少电脑操作，转而增加面对面互动。霍普马齐安还颁布了新指令，要求"雇员不再拘束，做回自己"，废除了着装要求，鼓励员工随心打扮（在合理范围之内），并准许他们"不使用规范套语"，自由发挥。他说，这样做是为了"让人性化服务回归酒店"。

---

① 这是Royal Caribbean酒店电视广告里的一句歌词，意指酒店能带给你全新刺激的体验。——译者注

② 社交货币指利用人们乐于与他人分享的特质塑造自己的产品或思想，从而达到口碑传播的目的。——译者注

2016年6月，在一年一度的"精品及生活方式住宿协会"年度投资大会上，精品酒店行业齐聚纽约。酒店行业最初的颠覆者伊恩·施拉格走上讲台，提醒众多酒店经营者应心存忧患意识。"爱彼迎的支持者是你们的孩子。"他补充说，无论酒店行业是否予以重视，爱彼迎已成为这一行业的主要威胁。他的发言促使该协会组建了正式的革新委员会，研究酒店行业该如何创新和应对竞争。

酒店企业迄今所做的惊人之举便是尝试从事短期租赁业务。凯悦酒店是第一个领先者，2015年春，它参股了短租平台onefinestay——一家位于英国的短期租赁平台，专注于为高端市场提供服务，发展迅猛。虽然凯悦的投资规模不大，但这标志着酒店企业首次承认点对点住宿的合法性。头条新闻称："显而易见，一家大型的酒店经营者已认同房屋租赁切实可行。"与此同时，掌管华美达和旅宿酒店的温德姆酒店也参股了位于伦敦的另一家创业公司Love Home Swap，这是一个基于预订的家庭互换平台。洲际酒店集团与位于挪威的Stay.com网站也建立了合作关系，该网站旨在为当地旅行者提供参考信息。

2016年初，精选国际酒店表示将与度假屋出租管理公司合作，在美国境内的一些度假胜地推出精选国际度假租赁项目。这是一种全新的服务，是入住传统酒店之外的另一个选择。首席执行官史蒂夫·乔伊斯当时说："这是一笔可观的生意。我们不必靠市场份额来取得出色的业绩。"万豪尚未涉足短期租赁，但2016

年6月却宣布创建一个新的城市分时度假酒店品牌，称为万豪普尔斯假日俱乐部酒店。

到目前为止，最具前瞻性的酒店企业非法国跨国酒店连锁集团雅高莫属，旗下拥有索菲特、莱佛士、费尔蒙特等品牌，它以积极推动共享经济而著称。2016年2月，雅高宣布其拥有位于迈阿密的高端创业公司Oasis Collections 30%的股权，这家公司对外宣传自己是短期租赁与"精品酒店"的结合体。同一天，雅高还宣布投资一家名为Squarebreak的法国短期租赁创业公司。几个月后，雅高又迈出了迄今为止最大的步伐，出资1.7亿美元整体收购onefinestay。这笔生意对雅高来说只是小数目，但其重要性在于第一次证明了所谓的另类住宿在传统酒店品牌投资组合中占有一席之地。雅高首席执行官塞巴斯蒂安·巴赞对其公司给酒店行业带来的变化坦言道："打击任何新的理念、意图或这样的服务是非常愚蠢和不负责任的，更不用说打击共享经济了。"巴赞告诉旅行新闻网Skift，"这是世界的发展趋势。这些新兴服务非常强大，操作便捷，易于管理，大家应当欣然接受。"

实际上，现在短租创业公司俨然创造了一种民宿产业。在爱彼迎创立前后，这类公司已有数十家，如Roomorama、Love Home Swap、Stay Alfred等。还有一些被旅游行业巨头收购了，比如猫途鹰旗下的FlipKey和HouseTrip网站，以及Priceline旗下的Booking.com。2015年秋，Expedia以39亿美元收购度假租赁平台HomeAway及其120多万套房源。

一个大胆的新想法在日渐成熟的过程中往往会进一步细化，同样基于短租理念，一些才入行的新公司也开始寻找自己的发展方向。Onefinestay 是第一家引起广泛关注的短租公司，2009 年由三位有技术和商业经验的好朋友共同创立，重点关注高端短租（这家公司通常被形容成"豪华版"的爱彼迎）。申请成为房东必须满足一定的条件，比如配备有一定数量的高脚玻璃杯和一定厚度的床垫。该公司平台上所有的房屋，接受任何预订前都需要接受公司员工的现场勘查，并按照豪华标准重新布置：房屋干净整洁，床上用品必须是新的并摘掉标签，提供蓬松的羽绒被、高端床上用品、洗发水和香皂。

将自己标榜为"非酒店"的 onefinestay 要求员工在顾客登记入住时主动问好，为他们提供周到而优质的服务，包括客人入住期间专配苹果手机、全天候远程礼宾服务以及安排多家供应商提供客房服务。然而，每处住宅都须达到豪华标准，这种高端服务模式难以扩展，所以 onefinestay 目前仅提供 5 大城市的 2500 套房源。和爱彼迎类似，onefinestay 的发展在很大程度上也依靠口碑效应。

2006 年，居住在纽约市的帕克·斯坦伯里因米拉麦克斯影业公司脱离迪士尼而被解雇，随后他决定到布宜诺斯艾利斯暂住 3 个月，所以需要租间房子。通过找房地产经纪人和搜索网站等烦琐步骤后，他终于找到一处住所。但当他走进房屋时才发现，这里不提供任何服务，尤其是精品酒店提供的个性化服务、酒吧和社交场所。于是斯坦伯里成立了在线私人租赁服务公司 Oasis，在短租房屋中加入精品酒店的元素。那时爱彼迎还未创立，虽说斯坦伯里的思路与众不同，但这家公司规模较小，不涉及点对点房屋租赁，只是更注重服务，有专门的工作人员在现场帮助客人登记入住和结账离开，并提供周边"俱乐部"的会员卡，还能免费前往单车健身房 SoulCycle 等。他称这一模式为"解构式精品酒店"（他将 Oasis 和爱彼迎相比较，称前者"因安排细致而避免了一些不确定性"）。Oasis 目前在 25 座城市拥有 2000 套房源，定价从 120 美元左右起，所以产品范围比 onefinestay 广得多，希望能扩展到 100 座城市（该公司也将许多房源放在爱彼迎和 HomeAway 等其他网站进行推介）。

Oasis 也取得了不少显赫的成绩。2016 年里约夏季奥运会期间，这家公司接待了耐克、维萨和 BBC 公司的团队入住。斯坦伯里称："他们与我们联系，告知合同的中心内容：'我们需要 30 间中档房间供员工使用，50 间高档房间供 VIP 零售商使用，并为运动员和首席执行官安排少许别墅'。我们当然可以满足他们的要求。"斯坦伯里认为继爱彼迎成功后，短租网站掀起了一场"淘金热"。他表示："在 A 轮融资中获得 100 万—300 万美元的融资，然后在旧金山或伦敦小小尝试一把十分容易，但最具挑战性的是打造一种与众不同的东西并付诸实践。"

还有一家刚创办的理念整合公司：短租平台 Sonder（原名为 Flatbook）的定位是"家庭旅馆"，略带酒店风格。与其他公司一样，这家公司旨在填补大型短租网站（比如爱彼迎）缺乏统一标准这一漏洞。该公司最近获得了1000万美元融资。酒店行业也出现了新的分支，比如位于布鲁克林的Common酒店采用了灵活的共享住房模式，新酒店品牌Arlo则称自己是"城市探险者的大本营"。

这体现了快速发展的"另类住宿"领域迅速主流化的趋势，许多酒店也希望进入该领域分一杯羹。虽然获取市场份额的途径颇多，但大量的个案显示这些网站的设计、和善的语音以及评价系统都与爱彼迎有着惊人的相似之处。不过突破传统酒店住房格局的想法已经生根发芽。Oasis的斯坦伯里说："这是在住宿领域真正有价值和发展空间的部分。毋庸置疑，它会继续壮大。"

当然酒店永远不会失去其市场，甚至还会拥有一个更为强劲的市场。因为无论所提供的服务有多么高端，许多人还是不会永远待在别人的家里或者公寓里。万豪酒店的苏安励发现，优步取得成功的一个重要原因是它提供的服务质量的确比出租车高很多，毕竟许多出租车提供的服务都非常"糟糕"，甚至在许多城市，打车难的问题相当普遍。他告诉《界面》杂志："在酒店行业中，我们可以提供更好的服务，因此不存在这种风险。"贝斯特韦斯特的首席执行官江大卫指出，酒店能提供爱彼迎难以企及的服务：大堂，社交聚会空间，迎宾员，呼叫前台要求添加床上用品或者维修使用设施的能力。他说："只有酒店才提供这些服务。"

我有一个热爱旅游的前同事，她表示自己在旅游时绝不会住在陌生人家里。她说："我想住在比自家公寓更宽敞的地方，配有干净的白床单、大屏电视和超级好用的空调。"她很喜欢客房服务："我很喜欢插着花朵的花瓶以及一切。"如果隔壁很吵或者房间里的设施坏了，她知道自己可以打电话给前台，前台会派人前来修理，或给她换个房间。我很理解她的想法，如果我花得起这个钱，或者说由公司买单，我当然愿意入住高档酒店。这也是乔治城的爱彼迎房东称我为"四季酒店女士"的原因。虽然耐克公司在奥运会期间入住过 Oasis，但斯坦伯里指出，为安置其工作人员，耐克还预订了很多酒店客房，基本上把里约的一家酒店预订一空。

毋庸置疑，酒店行业的格局正在发生变化。一位酒店行业前高管表示，他最初也并不把爱彼迎造成的威胁放在眼里，但后来他终于明白了原因。"我 40 多年来已经养成了个人偏好，"他说，"爱彼迎的床单和床垫好用吗？我怎么才能拿到钥匙？我有老一辈人的那种担忧。"他继续说道，年轻人基本上没有他那个成长时代的担忧和偏见，而且对爱彼迎也并不陌生。年轻人对爱彼迎的熟悉程度和他们对数字化的熟悉程度不相上下。对于许多年轻人来说，住在连锁酒店和用座机打电话、不用网银而是去银行网点以及在直播时段实时观看电视节目一样奇怪。这位高管感叹道："爱彼迎将这一代人培养成了它的粉丝。"他认为随着爱彼迎运用数据做出精准预测，进而定位客户的需求，其实力会越发强大。"我不再会花一分钱下注赌优步或爱彼迎必败。"他打趣道。

创造七星级服务

最终的景象是大酒店将与短期租赁网站建立更广泛的合作伙伴关系，从而达到双赢。双方已经做出了一些尝试。雅高收购 onefinestay 之前，那时凯悦还是这家初创公司的投资者，两家公司在伦敦进行了一项试点计划，即 onefinestay 客户如果在入住前抵达，可以在凯悦伦敦丘吉尔酒店存放行李，使用酒店的淋浴、健身设施或用餐。Room Mate 是一家分布在欧洲和美国的新兴低价连锁酒店，也推出了一系列"精选公寓"。这类客人可以将该酒店作为服务台：他们可以在该连锁酒店的任意一个地址取钥匙，然后前往公寓，甚至可以订购客房服务，并在入住期间选择房间的清洁次数。行业中的许多人认为这是一种值得推广的合法模式。

住宿行业分析师力图推动酒店与爱彼迎合作的一大领域是分销。爱彼迎已经成为一个吸引诸多眼球的强大营销平台，一些酒店已经将其视作吸引客人的一种方式。在全球范围内，爱彼迎将其网站上的 30 多万套房源列为专业酒店级别的客户，提供住宿和早餐。切斯基表示，只要酒店能提供优质的住宿体验，那么他对爱彼迎平台进行酒店客房交易并不排斥。"房源越来越多，我们也欢迎精品酒店加入。我希望小企业主和专业人士都能意识到爱彼迎是一个可以提供专业酒店级别服务的平台。"

但是一些酒店行业的领导者则认为这是与竞争对手共枕而眠。贝斯特韦斯特的首席执行官江大卫对爱彼迎有清醒的认识，且态度很强硬。他说这是一个严重的错误，类似于重蹈过去酒店行业过度依赖在线旅行社的覆辙。他发布了一个相关的博客，写道："著名作家兼编剧萧伯纳曾说过，'成功并不在于从不犯错，而在于不重蹈覆辙'。"（如果江大卫和切斯基发现彼此居然都爱引用萧伯纳的名言，也许会大吃一惊。）

双方的关系似乎变得更加剑拔弩张。爱彼迎仍然坚称想和酒店行业相互交好，也并未打算与其竞争。但是，这些示好的言语与其商业模式截然相反。早在2008年丹佛举行民主党全国代表大会期间，该平台的定位就是旅行者可以轻松预订民宿，跟如同预订酒店一样容易。该平台越发展，其业务性质就越接近酒店，比如商务旅行和即时预订功能。该功能让旅行者立即预订房间，就像在酒店网站上预订一样，而不是等待房东获准。

从一开始，爱彼迎的创始人就谈到要鼓励房东提供"七星级服务"，远高于酒店行业的五星级服务。2013年，切斯基围坐在火炉旁与莱西闲聊时，就总结了人们入住酒店的三大原因：零摩擦的预订体验、清楚房间格局以及周到的服务。他对酒店的这些优点逐一提出了破解方案：爱彼迎提供的预订体验也会变得更加有保障；随着时间的推移，它将能够提供更加一致的服务；"任何城市的房东都能提供类似酒店的这些服务"。

该公司早期的一大格言是"忘却酒店"。2014年的一天,切斯基在测试礼宾项目时,向女朋友艾丽莎·帕特尔送了一束鲜花,并附了一张卡片,上面写着:"亲爱的艾丽莎,去你的酒店,爱你的布莱恩。"这本是私下的一句玩笑,一位朋友建议换掉这一格言,并不打算公之于众,网上却冒出一张照片,引发了一些风波(一些酒店行业观察员如释重负,将此视作实际冲突的证据。"爱彼迎与酒店行业正面交锋的时刻终于到来了,"房地产网站Curb评论道,"这是我们这个时代的一场对决。")

爱彼迎公司的大堂里还有这样一个说法。2013年,奇普·康利第一天来公司上班时,面对400名员工发言,其中引用了甘地的一句话。这句话在公司内部必定流传甚广,因为我提及与酒店竞争这一问题时,至少有三位高管转述了这段话。他们说:"甘地有一句伟大的名言:'他们先是无视你,然后嘲笑你,接着他们与你开战,最后你赢了'。"

第七章

原则 7：持续提升

设计是他事业的动力源泉，但他逐渐学会了如何指挥作战。

——马克·安德森 安德森-霍洛维茨共同创始人

"在此我想仅占用一秒钟称赞一番布莱恩。"巴拉克·奥巴马说道。

2016 年 3 月，奥巴马在古巴的哈瓦那出席了一场庆祝美国和古巴重建贸易联系的活动，并上台发表讲话。2015 年两国恢复外交关系，这次陪同总统出访的还有在古巴发展贸易的美国企业家代表团，人员包括布莱恩·切斯基，硅谷创业公司 Stripe 和 Kiva 的首席执行官等。

切斯基是唯一受到总统"吹捧"的人。他继续说道："首先，对于那些不熟悉布莱恩的古巴人而言，只能说他看起来年轻有为。他创建的爱彼迎公司源于同另一位创始人联手的奇思妙想,那位创始人今天也在场。你们创办这家公司有多久了,布莱恩?""八年了。"切斯基坐在旁边的贵宾席回答道。"现在市值是多少?"切斯基沉默了一下。总统对他说"不要害羞"。切斯基告诉总统是250亿美元。奥巴马重复了一遍:"250亿美元。"奥巴马接着向观众解释,说切斯基是"美国杰出青年企业家",并赞扬了该公司的平台。他还举例说明了德国用户如何通过爱彼迎在古巴寻找民宿,以及查看房东信息和评论。奥巴马总统指出,这一平台甚至有评级体系:"你到达后,就会发现房间格局实际上看起来和网上的照片一模一样。"所以如果客人以前使用过平台,房东便可以看到"他们还不至于将房子掀个底朝天"之类的评价。

除了详细阐述爱彼迎的评价系统以外,奥巴马还认为切斯基充分展现了其经营潜质,这一潜质因投资于互联网产业而得以释放。对于切斯基、他扎根在古巴的团队以及旧金山总部的同事而言,这是一个新的开始:受到美国总统的"吹捧"。

爱彼迎的独特之处不在于其源于不可思议的理念,或者公开抵制立法者,甚至拥有快速增长的用户群,而在于其创始团队——特别是首席执行官——缺乏传统管理经验,而他们却迅速学会了如何执掌这家大公司。

爱彼迎如今处于超速发展的第九个年头,年收入达到或接近翻番,在曲棍球棒状增长图里处于直线上升阶段。这样的爆发期通常会持续一两年,运气好的话可达三年。爱彼迎大概在2009

第七章 原则 7：持续提升

年进入这个阶段，至今还处于发展期。

这种垂直上升的趋势往往会令公司成员晕头转向，特别是顶层领导，尤其是他们没有任何管理经验。科技行业将这种同步发展或超速发展称为"登上高峰"。在硅谷的历史中，公司发展到一定规模后，出于权力斗争、资金纠纷、性骚扰事件或其他原因，创始人离职或分道扬镳的例子比比皆是。切斯基、柏思齐以及杰比亚的不同寻常之处在于他们仍然携手合作，九年来一起操控爱彼迎这艘火箭飞船。我敢说在现代科技浪潮或科技公司中很难再列举出如此和谐的创始人三重奏了。尤其是过去几年以来，他们的角色已经发生了显著变化，各自发挥特长。虽然发展之路并不平坦，但为了适应爱彼迎不断壮大的规模，三个毫无经验的新人努力跟进和学习如何领导公司，这一过程为讲解提升领导力提供了新的范例。

其中，学会如何管理对切斯基来说尤为重要——三人中只有他没有任何商业经验。"这种感觉就像，我到底知道些什么呢？"切斯基说道，"几乎一切都是全新的。"

然而，没有时间采取常规方式学习如何成为首席执行官。由行业前辈指导培养、负责管理公司关键部门、去海外子公司待几年或获得 MBA（工商管理硕士）学位，这些策略都不适用。接受任何形式的培训的想法都不切实际，因为根本没有时间。公司飞速发展，基本上每隔几个月就改头换面，常常危机四伏，急需完善公司文化，每个人都指望着切斯基规划公司的发展前景和方向。公司需要他立即担负起首席执行官的职责，没时间让他适应。"基本上没时间接受培训，"切斯基说道，并引用了另一位历史人物的话，"就像罗伯特·麦克纳马拉说的那样，身处战争或创业中的人只能以最直接的方式去学习。"

这家初创企业比普通随需应用程序或社交网络复杂得多。爱彼迎的经营理念朴素简单，但这家人性化网站实际面临的业务和运营挑战比看起来要复杂得多。有一次，红杉管理合伙人道格·莱昂将切斯基拉到一边，告诉他所有红杉的投资组合中，他作为首席执行官的工作最具有挑战性。莱昂表示，除了面临运营一家技术公司的常规挑战之外，爱彼迎比任何其他公司更为全球化。它已遍布约191个国家或地区，在许多国家都有办事处和员工，因此必须想出全球管理运营对策。爱彼迎也算一家支付公司，每天处理数十亿美元的交易，所以切斯基不得不警惕交易欺诈和潜在风险。每晚有无数旅行者入住陌生人家，因此发生恶性事件的潜在危险也比较大，更不用说日常误解和文化差异了。此外，还存在监管冲突，需要花费大量的时间、精力和公共政策资源来解决各大城市出现的不同法规问题。

向各大领域的精英求教

切斯基拥有一系列成长为领导者的重要潜质：早在罗得岛设计学院求学期间，他就展现出当领导的才干和近乎病态的好奇心。为了获取所需的其他技能，切斯基请教多位专家导师，从中大致领会如何管理公司。虽然任何出任首席执行官的新手都会寻求建议，但切斯基的求助过程可谓非常执着、有条不紊和没完没了。他把自己的做法称为"追根溯源"，他认为不应当向10个人讲述一个特定主题，随后综合他们的所有建议，而是应花一半的时间了解谁才是原始信息提供者，即明确谁对某件事比其他人知道得更多，然后只向那个人咨询。"如果选对了信息源，你便能突飞猛进。"他说道。

在爱彼迎早期顾问的帮助下，他很早就开始了这一过程。起初他与迈克·赛贝尔和Y Combinator的保罗·格雷厄姆每周约见面谈，然后又与红杉的格雷格·麦卡杜一起共进早餐。爱彼迎的新一轮融资将会开启与硅谷大神们的亲密接触之门，包括里德·霍夫曼、马克·安德森和本·霍洛维茨等权威大师。一提到打造硅谷科技公司，人们往往会想起他们。爱彼迎发展得越成功，三位创始人就越有机会接触这些权威人士。随着公司发展壮大，切斯基也开始向各大研究领域的精英求教：学习苹果公司乔纳森·伊夫的设计理念，汲取领英公司杰夫·韦纳和迪士尼公司鲍勃·伊格尔的管理才能，领悟脸谱网创始人马克·扎克伯格对产品的追求，了解谢丽尔·桑德伯格的全球扩张战略和任用女性管理公司的远见卓识。亿贝的约翰·多纳霍是一名特别重要的导师，指点切斯基如何扩大业务、管理董事会和履行大型公司首席执行官的其他职责。在获益匪浅的逆向指导环节，多纳霍还会向切斯基发问，让他讲述设计和创新建议以及分析亿贝保持其时尚便捷特性的诀窍。从杰夫·韦纳身上，切斯基认识到有必要剔除那些办事不力的经理。从 Salesforce.com 公司首席执行官马克·贝尼奥夫身上，他学会了如何激励自己的管理团队。此外，他还从当代初创公司同行那里得到了非正式支持，其中包括优步的特拉维斯·卡拉尼克，云储存软件 Dropbox 的德鲁·休斯敦，移动支付公司 Square 的杰克·多西，以及美国第二大打车应用软件 Lyft 的约翰·齐默。他们分享了各自的经验教训，谈到如何管理企业和平衡友情、建立社交网络以及初创公司的其他诸方面。

切斯基在多方求教方面有一大关键原则，即需要先确定哪些人才是权威人士，并在一些出人意料的领域寻根问底，这点颇具创新性。比如，切斯基曾接近中央情报局前局长乔治·特尼特，向其请教有关企业文化的建议，而不是信任和安全问题（他问道："如何在人心惶惶的情况下获得众人的信任？"）。为了学习酒店管理，他并未选择万豪酒店或希尔顿酒店，而是前往一家名为"法国洗衣房"的餐厅，体验这家知名餐厅如何款待顾客和将美食摆盘。对了解招聘事宜而言，他认为找专业招聘人士肯定是一种渠道，但更好的信息资源来自那些在靠吸引人才谋生的行业里工作的人，比如体育经纪人，甚至太阳马戏团的领导。我们的谈话大约进行到一半时，切斯基突然停下来看着我，说我也能给他提供信息。"我从中学到了不少东西，"他指着我的笔记说道，"如果我想学习如何面试一位候选人，显而易见可以去找另一位行政高管，但其实记者才是最佳的选择。"

当然，切斯基目前接触到的都是社会名流。不是所有人都能打电话给乔纳森·伊夫、马克·扎克伯格以及杰夫·贝佐斯等人，但切斯基坚持说任何社会阶层都有出色的导师。他举例道："我失业的时候，还是一名设计师，照样和人交往，没什么难为情的。"事实上，如果他失业时就碰上这些重量级人物，用处并不大。红杉公司林君睿谈到许多首席执行官都有类似切斯基的这种经历，却没有这么成功。他说："谈话中几乎没有什么可交流的，不过是去挑选一些至少比你年长几岁的人罢了。社交网络有一定的作用，但必须具备个人潜质。"

"信息资源"并非都来自现存于世的人。切斯基阅读了自己最敬仰的两位英雄的传记，从中学到了不少有价值的东西。这两位英雄分别是沃尔特·迪士尼和史蒂夫·乔布斯。他还读过其他历史人物的传记，比如乔治·巴顿将军、前国防部长罗伯特·麦克纳马拉等。另外也有一些管理类书籍[他最喜欢的是安迪·格鲁夫的《格鲁夫给经理人的第一课》(*High Output Management*)]以及《康奈尔酒店季刊》等行业内刊。切斯基简直如饥似渴地阅读。每年法定节假日期间，他都会携带家人外出度假一趟，他的休整方式就是饱览群书。就算出门在外，"他也不会停止阅读，"他的母亲说，"连吃饭时他都在阅读。"度假期间他还会草拟给员工的年度致辞。"每天时时刻刻都未中断过工作，"他的母亲说，"他读给我们听，我们认为十分完美了，但他会润色修改50遍。"

另一个关键的资源来自沃伦·巴菲特。切斯基与这位名声显赫的投资人有过一次短暂交流，主要讨论爱彼迎能否在伯克希尔年度会议期间扩充奥马哈地区的房源。这一会议相当于投资领域的伍德斯托克音乐节，将吸引 4 万名参观者前来，届时当地酒店的供应量将达到最大值。但切斯基想要当面请教巴菲特，因此他致电巴菲特，恳请其前往奥马哈共进午餐。巴菲特欣然前往，这顿饭前后共计四个半小时。（"我原以为只是一个小时的午餐"，切斯基说，"我们在他办公室里谈了一个小时，然后他说：'我们去吃午餐！'我记得就是一顿午餐。"）切斯基从中得到的最大收获是：不要受外界干扰。切斯基说："他实际上住在奥马哈的中心。那里没有股票行情收录机和电视，他整天都看书，也许每天只开一次会，深入细致地思考问题。"回家途中，切斯基写了一份约 4000 字的面谈综述，并发送给他的团队（他俩的经历有些相似：巴菲特在切斯基这个年纪时，就前往迪士尼总部，幸运地与迪士尼本人当面畅谈。年轻时的巴菲特也记录了当时的情形。"从那次见面开始，我一直保持着记笔记的习惯。"巴菲特说。）

巴菲特说他对切斯基和爱彼迎的印象非常深刻。"这是一个非常庞大的房屋租赁平台，"他说，"但并不是对人人都有吸引力。事实是以我的年龄和习惯而言，我不会做爱彼迎这样的产品，但它对房东和房客都颇具吸引力。"回想起他及其家人如何经常在家里接待旅行者，他认为社会因素也起着重要作用。"多年以来，许多房客曾入住过我们家。"他说。前总统候选人乔治·麦戈文，来自苏丹和世界各地的其他政治领袖和学生都曾留宿巴菲特家。"这种体验相当有趣。"巴菲特称爱彼迎"将是一个重要的平台，希尔顿、万豪以及其他连锁酒店应该效仿它"。爱彼迎的飞速发展让他印象深刻，尤其是其房源的大幅上升。"这占了很大优势，我真希望自己能想出这个金点子。"他感慨道。

了解切斯基的人最一致的评价是他这个人好奇心特别重，甚至可以描述为痴迷于不断吸收新信息。里德·霍夫曼说："布莱恩最大的优点在于他是一台学习机器，这对于所有成功的企业家而言是一种技能。我将其定义为'终生学习者'，而布莱恩则是范例。"霍夫曼回忆起爱彼迎成立之初和切斯基在旧金山进行的一次台上访谈经历。快下讲台楼梯时，切斯基转身向霍夫曼问道自己还有哪些方面需要完善。霍夫曼回忆说："实际上，这是他对我说的第一件事。"

切斯基一直保持记笔记的习惯。红杉的林君睿说："他在会上第一次听到某一新想法时，会后可能一言不发，但总会拿出自己的笔记本，将你发言的精彩之处记下来。下次见他的时候，他回头看一下笔记，稍加思索，便和众人开始讨论这个话题，然后形成自己的看法。"林君睿和其他人认为，坚持不懈地学习是切斯基能够扩大公司规模的主要原因。林君睿评论道："是的，他满脑子都是产品，非常注重客户价值，但我们也知道许多持有同样想法的人未能攀上首席执行官的顶峰。"

马克·安德森称让切斯基与众不同的一点就是他能够迎难而

上。"我从来没有听布莱恩说过,'天,太好了'。他总是在想下一步的新方案。"

"他是一个天生热爱学习的人。"亿贝的多纳霍这样评价他。

切斯基非常痴迷于分享自己学到的东西,常常群发邮件,比如与巴菲特会面后,他给员工发送了一封长达 4000 字的邮件。自 2015 年以来,多数周日晚他都会给全体员工发一封邮件,分享他学到的新知识、头脑中的想法以及想要传达的某项原则。他说:"在一家大型企业,你必须擅长公众演讲或写作,因为这是你的管理工具。起初阶段,四人围桌而谈,这种交流互动和跟员工交流完全不同。"他早前发的三篇系列文章恰好谈到了如何学习的问题。

可以说切斯基的学习热情是与生俱来的。他的母亲德布·切斯基说:"他很小的时候,人们就发现他做起事来全神贯注。"切斯基的童年普普通通:在纽约州奥尔巴尼郊外的尼斯卡于纳长大,父亲鲍勃和母亲德布都是社工(妹妹阿莉森比他小 5 岁,是青少年内容出版商 Tiger Beat 传媒的编辑部主任,最近离职创办了自己的公司)。切斯基的第一个爱好是冰球。他三岁开始滑冰,立志效仿韦恩·格雷茨基成为下一位冰球明星。某年圣诞节,他得到了全套装备,便坚持要睡在设备上,与护具、冰刀、球棒、头盔为伴。("我们说他看起来像甲壳类动物。"他的母亲回忆道)。

切斯基说:"体育是唯一能让你快速找到自我局限的领域。"但当他明白自己绝不可能成为下一个格雷茨基时,便转而学习美术。早期绘制和重新设计耐克跑鞋的爱好展现了其插画家的天赋：上高中后，他的美术老师告诉他的父母这个孩子有潜力成为一名声名显赫的艺术家。切斯基全身心投入画作，常常在当地的博物馆里待上数小时临摹名作。一次全家前往佛罗伦萨旅行，他在大卫雕像前足足站了8小时，只为将其绘制下来。他的母亲回忆说："我们当时就说，'好了吗，我们想去其他地方转转'。但我们做什么其实无关紧要，他选择了自己的路并且会走下去。"

在罗得岛设计学院，他的领导潜力初现端倪。他当上了冰球队队长，又和杰比亚一道宣传罗得岛设计学院的体育赛事，最后又在全班发表了一场难忘的毕业演说。可想而知，切斯基必定全心投入这项任务，津津有味地品读手头上的所有毕业演讲。演讲前一晚，为了缓解紧张情绪，他在讲台上站了几个小时，看着工作人员将几千把椅子一一布置好。德布·切斯基反问道："谁会这么做呢？"

虽说学起来较容易，但掌握与人打交道的分寸要费时一些。他吸取了一个教训：如果两个人发生争执，不要机械地站在一方看问题。这个来之不易的经历也教会了他一个道理，那就是他的一言一行都对这家公司有重大影响。（他从我们面前的桌子上拿起一个绿色的书签，说道："比如我用的是这个绿色的书签，就会有人说，'布莱恩只喜欢绿色的书签，将房间里的非绿色的书签拿走'。但实际上我可能只是随手拿起一个绿色的书签而已，并无其他特殊原因。"）

他聘请了一个高级管理团队并委以重任，尽管公司的员工规模已经达到了几百名，他仍然事无巨细地参与其中。起初，他不太习惯面试那些经验比他丰富几十年的求职者。（"你坐在他们对面，他们也许经历过50场面试，作为一个新手面试官却要面对那些久经沙场的求职者，当时的感觉就是'这太奇怪了'。"）如果这些管理人员表现不佳，他则会陆续解聘他们。他曾拥有一支完备的管理团队，公司将这个团队称为"电子员工"。接下来的事情就是必须学会如何让这个团队更好地运作。"如何让疲惫不堪的员工仍旧全神贯注地投身下一阶段的工作呢？他们长时间与家人分离，想要休息一下。你也许会回答，'可以休息，但我需要你多做10倍'。"向马克·贝尼奥夫咨询后，切斯基得出的答案是不可能再要求员工加倍工作，但可以让他们"大规模升级自己的思考能力"（"升级"是切斯基的另一个常用语，即再上一层楼。切斯基其他的常用语包括"跨级会谈"，即和公司里不同职位的员工对话；做出"步骤变更"，这不仅仅是一个迭代的步骤，而是一种新的思考方式。而且他一直强调"北极星"的作用，这个词经常在布兰南街的大厅里被人提及，甚至能在爱彼迎的忠实房东和房客口中听到）。

当爱彼迎面临一些重大危机时，身边的资源可谓唾手可得。2011年，EJ家惨遭洗劫一空的事件可能是公司迄今为止最严重的危机，但风投机构安德森－霍洛维茨的联合创始人马克·安德森帮助他拓宽了思维，将原先设定为5000美元的房东保障金提升至 50000 美元。当德国扎姆韦尔兄弟在欧洲对爱彼迎展开围追堵截时,保罗·格雷厄姆提醒切斯基这些人只是雇佣军,爱彼迎则是传教士,而"最后获胜的往往是传教士"。切斯基因此也下决心在欧洲拓展业务,同扎姆韦尔兄弟展开竞争。最近的危机大概要数爱彼迎平台上普遍的歧视行为,这甚至比 EJ 危机更严重。因此他引进了一些外部资源,如前总检察长埃里克·霍尔德和美国公民自由联盟的老将劳拉·墨菲等。此外,他还向安德森-霍洛维茨的共同创始人本·霍洛维茨及其妻子费利西娅,以及 TaskRabbit 公司首席执行官斯泰西·布朗·菲尔普特咨询。

熟知切斯基的这些人都赞叹他的远见卓识。"如果你能给布莱恩的大脑世界拍张照,他的思维已经跨越到 2030 年或 2040 年。"公司的首批员工丽莎·杜博斯特评价道。她先在企业文化部工作,后又转到商务旅行部,2016 年辞职举家搬迁到欧洲。

贝琳达·约翰逊是公司的二号执行官,除了其他两位创始人外,她和切斯基接触最多。她评价道:"布莱恩是一个神奇的梦想家,不仅仅盯着眼前一两步看,而是十步开外。他比我结识的其他管理者更具感召力,我认为他将被誉为我们这个时代最伟大的首席执行官之一。"

这种表扬听起来似乎有点甜得发腻了,但切斯基的确有口皆碑。尽管那些不"支持爱彼迎理念宗旨"的人对爱彼迎的宣传口号嗤之以鼻,但是作为公司最初的核心价值观,切斯基对爱彼迎理念的狂热信仰和执着驱使他不断前进。奇普·康利称自己"从头到脚"都相信房屋共享理念,并常常将"四海为家"挂在嘴边,这不是首席执行官为了宣传产品而大肆吹捧的标语,而是真心想将其付诸实践。

保罗·格雷厄姆称激励创始人的三大元素是财富、影响力和成功,切斯基却并不为这些心动。格雷厄姆说:"他不是只为自己工作。真的,老实说我遇到过形形色色的创始人,有好几千人。我很清楚哪些是机会主义者,哪些才是充满信仰的人。切斯基与众不同,他不是为了名利才去这样做的。"因此,格雷厄姆说切斯基并非生来就适合担当首席执行官。"他会领导人们去做自己所信奉的那些事。你不可能将他随便任命为某家公司的首席执行官。"

沃伦·巴菲对此也有所察觉。"他一贯如此,"他说道,"我认为即使没有一分钱的报酬,他还是会这样干下去。"

事实上,虽然硅谷的首席执行官都会自吹自擂,但对于切斯基而言,爱彼迎更像一个称谓,而非一项工作。"我们的使命就是创建一个四海为家的世界。"午饭席间他向我解释道。他坚信全球房东越多,"这个世界就会变得越发热情友好和通情达理"。后来,当我问及他具体的商业目标时,他回答道:"2020年的目标是要确定有多少人能够深入彻底地体验归属感。"他表示,任何事情都没有完成人人四海为家的使命重要。这一点的价值大于以下这一切,比如股东、估值、利润、产品等。他希望爱彼迎的价值在其离世后能达到巅峰。

不仅仅是切斯基，杰比亚和柏思齐也对这些理念深信不疑，整个总部的氛围都渗透着这些理念。公司喜欢将爱彼迎称为"饭桌上的联合国"，即它让世界各地的人齐聚一堂，连接陌生人。"也许幼时曾认同为陌生人的那些人实际上是有待结交的朋友。"杰比亚在TED上说道，他发表了一篇公司如何在其平台上建立相互信任的讲话。当被问及公司的目标时，康利告诉我的一位同事，他希望十年内公司能赢得诺贝尔和平奖。

虽然没人怀疑这是否出于真诚或者高瞻远瞩，但"为人类福祉拯救世界"的企业精神似乎有些荒唐。针对当时墙上挂着的"爱彼迎是人类发展的下一个阶段"的标语，《快公司》杂志的马克斯·查夫金曾写道："这不只是开句玩笑。可口可乐著名的'山顶'广告——我想请全世界喝杯可乐，让它与我们相伴——不算太出格。"

交谈中，我问切斯基是否有人告诉过他，他有点过于理想主义。"我想起了汤姆·弗里德曼曾说过一句很棒的话，"他随即将这位《时代周刊》专栏作家的话引述了一遍，"他说，'悲观主义者通常是正确的，但是改变世界的确是乐观主义者'。"

即使是改变世界的人，自身也有弱点。切斯基的远见卓识和雄心壮志有时令他制定出难以完成的目标。保罗·格雷厄姆劝诫切斯基别事事都往心里去。"任何人对爱彼迎的诋毁——你一旦变得强大，很容易就会招致非议，这是发展壮大的必经之路——都会伤害他。"他说，"这种伤害就像遭人殴打一样。如果他不太在意，就能免受很多的痛苦折磨，但他就是做不到，也许这就是由信念主宰的必然结果吧。"

风险投资家马克·安德里森目睹过众多年轻创始人试图发展公司的历程，他称切斯基是"继扎克伯格之后最伟大的首席执行官新星之一"。他将这些归功于一个鲜为人知的事实：转到纽约尼什卡纳就读高中前，切斯基在一所教授军队礼仪和领导才干的私立学校读过两年书。安德森说，假设切斯基只是一个设计师，这就不合时宜了。"命运往往一波三折，布莱恩骨子里是一位设计师，却有军事学校学生的严谨和自律。"安德森说，"这点易于理解，设计是他事业的动力源泉，但他逐渐学会了如何指挥作战。"

创业学习经历的一年等同于在其他地方学了7年。随着切斯基的自我提升，他拥有的"资源"也越发丰富。近来公司聘请的一些顾问教会了他许多知识。前陆军上将斯坦利·麦克里斯特尔加入爱彼迎，帮助切斯基完善公司高层和中层领导之间的透明度和参与度。爱彼迎还聘请了作家西蒙·辛宁，他擅长挖掘和阐述一家公司的"措施根源"或目的。当然还有一些未聘用的顾问，比如在古巴与切斯基同台的大人物：奥巴马总统。两人之间的交流日益增多，他们先是在总统办公室会面。当时切斯基参与了总统全球创业大使（PAGE）计划，这是一个由企业家组成的精英集团，包括时装设计师汤丽·柏琦、美国在线公司创始人史蒂夫·凯斯和 Chobani① 创始人哈姆迪·乌鲁卡亚除了在古巴的那次活动以外，在旧金山和肯尼亚的内罗毕举行的全球企业家首脑会议上，切斯基也是总统官方代表团的一员。在肯尼亚时，切斯基还参加了总统肯雅塔宴请的国宴，并与奥巴马在肯尼亚的家庭成员会面。其实从很早开始，爱彼迎就与奥巴马结下了不解之缘：2008 年民主党全国代表大会上的提名演讲期间，因为周边住宿爆满，爱彼迎迎来了事业转机，围绕奥巴马参选制作了 Obama O's 麦片，引发购买狂潮。2009 年的就职典礼又让他们"大赚一笔"。

回到纽约州北部的家中，德布和鲍勃完全不能理解儿子的经历。"我们只能说，这犹如幻梦一般，"德布说，"我甚至不知道该作何评价。"

孵化团队内新创意

作为爱彼迎的首席执行官，切斯基自然而然受到了很多聚光灯和媒体的关注。乔·杰比亚和柏思齐则是日复一日驻守公司。如果说切斯基将自己定位为军队领导人和船长，其他两位创始人也已确立了各自的管理领域，他们三人各不相同。和切斯基一样，杰比亚求助过导师：他说奇普·康利对他帮助颇多；创意公

---

① Chobani 是美国固体酸奶（希腊式酸奶）市场占有率第一的品牌，堪称全球酸奶届的一个神话。Chobani 的创始人兼首席执行官哈姆迪·乌鲁卡亚是土耳其人，也被称为"乳业界的乔布斯"。——译者注

司 IDEO 的创始人戴维·凯利则是另一位建议他在公司发展壮大时需要考虑如何保持公司文化创意的人。"怎样才能营造一个富有创意的环境，在那里人们可以畅所欲言，提出一些全新的甚至可怕或者极具风险性的想法，却又不会成为众矢之的？"杰比亚问道。

对领导力的考核而言，切斯基较容易通关，而杰比亚则稍逊一筹。杰比亚天生更适合于领导小规模团队构思大胆且别具一格的创意，而不是管理一家庞大的公司，这却是他不久后就要负责的工作。2013—2014 年爱彼迎风头正劲，增长速度和步伐势不可当。"一切都变化得太快了，"他说，"当时你还能掌控一切，但随后就会力不从心。"焦虑逐渐侵蚀着他。"团队变得越来越大，人员越来越多，"他回忆道，"你身边的一切都在发展壮大。因此你怎样才能赶上这种步伐呢？"他自称无法做到："不得不承认，我遇到瓶颈了。"

为了找出解决办法，爱彼迎聘请了一位外部顾问，对公司进行全面审查。其中和杰比亚合作最密切的十几位员工接受了坦诚的匿名访谈，结果却有些令人心凉。他在同事的心中是一个乐观向上的领导者，但他素来被称为完美主义者，因此同事们有点害怕向他直言项目毫无头绪。"那是个大问题。"他说道。他的同事称，无论何时有坏消息传来，他就会停止使用肢体语言，表现出怀有戒心。因此一段时间后，大家就不再告知他实情。"这样问题会变得更糟，我终究会得知的，那时将更难处理。"他说道。

这种完美主义也意味着简单的决定往往会花费很长的时间，有时他会成为爱彼迎的一只拦路虎。他还没有完全意识到自己的工作原则性很强，这也是他在爱彼迎成立之前创建另外两家公司的动力，但这不意味着别人也会照做。通过这次全面审查，他还得知自己的团队成员已经数周没能与亲朋好友一起共进晚餐，或者去健身房健身，而且事实上有些人正在考虑辞职。"我对完美主义的热情可能灼伤了其他人。"他感叹道。

因此杰比亚接受了重新学习。在教练（杰比亚将其评价为"一针见血、不留情面"）的帮助下，他逐渐接受了产品即使不太完美，也可以走向市场的情况，快速做出决定有时比深思熟虑好的观点。他背后的团队甚至为他提出了一个新名言：80%的成功就足矣。"在此之前这对于我来说是不太能接受的。"杰比亚说。他逐渐开始在会上或私下询问员工："我需要听听什么坏消息吗？"

他逐渐意识到这种上下层缺乏交流的行为似乎已蔓延到整个公司。他说："领导的行为方式会影响员工，如果我没有创造一个人们可以直率且公开谈论一切事务的环境，那么公司的其他方面就会出现问题。"因此，2014年6月，杰比亚将他所学到的道理化作一番肺腑之言，讲给几百名员工听，并转发给公司分布在世界各地的办事处。"我们公司在相互坦诚方面似乎出了一些问题。"他这样开头道，随后谈了谈他收到的有关自身的一些反馈细节以及自己如何努力做出改变。接着他又介绍了一个刚学到的理论，戏称其为"大象、死鱼和呕吐"，这是一套旨在鼓励交流对话的工具。他解释说，"大象"暗指人人都知道却不敢谈论的事实；"死鱼"暗指需要通过道歉来释放的个人不满和怨气，否则的话事情会变得越来越糟（他对听众坦言道："我有好几条死鱼需要处理。"）；"呕吐"环节则指人们专门安排时间一股脑地直抒胸臆，不会遭人打断或评头论足。他还透露了针对每条反馈意见的具体改进措施。

当说完最后一句话时，他长长地舒了口气。他后来说："这真是一次可怕的讲话，全场安静得连根针掉下去都能听见。"但这番讲话在全公司引起了巨大反响。部门经理开始挤出时间专门谈论"大象"和"死鱼"，这些说法现在仍在各个部门之间广为流传。如今，杰比亚收到了一封代表爱彼迎全体人员的邮件，标题全部使用大写字母："乔，这里有一些坏消息要告诉你。"他将这行字贴在自己电脑显示器的顶部，旁边还有一条标语——"80%的成功就足矣"。

与此同时，杰比亚已经开始为自己规划另一门课程，它更加贴合他的设计本行，也更能满足他热衷于构思和孵化新创意的爱好。"我的超能力并没有物尽其用，我是管理者中的管理者。"他说道。2013 年底时机来了，公司在纽约举办了一场管理人员脱岗大会。过去一年来，三位创始人针对公司未来的发展前景设计了一个重要的内部项目——白雪公主（Snow White）。

在专业动画师的帮助下，他们将爱彼迎产品体验用"情节串联图板"展示，为旅行者和房东"逐块图板"讲解预订步骤，从客户首次登录网站直至结束旅程回家。该项目最大的亮点在于爱彼迎本身只是故事情节框架的一部分，即食宿体验，他们还需要填满剩余部分。几个月后，在脱岗集中培训大会上，三位创始人意识到在公司未来的发展前景方面他们进展不大：仅仅涉及食宿领域，应该延伸至整个旅程。

是时候建造其他"框架"了，不久后公司就决定让切斯基亲自进行深入的样品试验，开始探究实施方案。他将6名设计人员、产品和工程人员派往纽约市进行为期3个月的研发活动，这是继在Y Combinator之后建立的另一个时间表和方案（他们甚至草拟了自己的核心价值观）。他们住在布鲁克林区的爱彼迎阁楼里，夜以继日地工作，将几个不同的应用工具合并起来，然后挑选少部分爱彼迎的国际旅行者配备这种装有非常规性软件的手机，并让他们外出旅游进行测试。3个月结束后，这些旅行者将回到爱彼迎总部参加演示日（Demo Day）活动。他们想要测试的概念比比皆是：一个"到达跟踪器"，即一种类似优步的地理定位器，帮助房东预测房客入住的时间；一张"智能房屋手册"；还有一种叫作本地同伴（Local Companion）的虚拟助手工具，便于旅行者咨询自己想知道的一切，比如当地餐厅推荐、食品配送或与旅游城市相关的问题。它还配有一个"神奇按钮"，用户按下后可获得一个未知的超级按需定制体验，从而满足他们的个性需求。一名持有飞行执照的旅行者点击了按钮，便可体验乘坐直升机在曼哈顿上空盘旋。另一位客户选择了定制的美甲师上门服务。第三位客户要求协助策划他的求婚仪式,本地同伴团队欣然接受挑战,首先安排了一场求婚后的中央公园马车之旅,一旁有竖琴伴奏;然后是晚餐和夜游;第二天二人共进早午餐时,服务员给他们送上一本记录他们美好经历的相册,而不是常规的结账单。

回到旧金山后,这项样品试验又衍生成一个由杰比亚带队的团队,名为 Home to Home,继续探讨和测试更多创意。其中颇有前景的一项创意是爱彼迎体验,具有特定技能或知识的房东可以借此为前来游玩的旅行者提供城市体验,并收取一定的费用。一些房东早已做过类似的试验。公园城的一位房东在其房源中宣传说会带房客去专属本地人的滑雪道上滑雪。波士顿的一位房东将为房客安排一场个性化的肯德尔广场游。这个团队将旧金山和巴黎作为试验地,招募且打造了许多类似体验。巴黎一位名叫卢多维奇的房东告诉这个团队,在家中他赚了 3000 美元的住宿费,但提供勒马莱附近的漫步游览让他赚了 1.5 万美元。

这个项目于 2014 年运行了大半年,吸引了较多的驴友,但这也正好是杰比亚遭遇人生瓶颈的那段时间,不久之后,他发现要扩大这些理念的规模以及"实施操作"困难重重。杰比亚从这些经验中意识到,他花费太多的精力构思新想法,而忽视了实践现存思路。他逐步开始着手创建一个新的部门,专门致力于高级研究和设计。2016 年,公司推出了由杰比亚监管的内部设计工作室——Samara。这个工作室主要用于研究较重大的创意,包括共享房屋的未来趋势以及建筑和旅游新模式，进而促进社会变革。工作室的首个项目是吉野町松木屋，是一种将日本郊区社区中心与青年旅社相结合的新模式。爱彼迎的旅行者可以入住这里，当地人能在此修建手工艺店，促进两者相互交流，给日渐萧条的乡村地区带来经济收入。其他探索包括对"神奇按钮"的更新换代，这有利于准确判断如何最大程度地"取悦"每位用户。

继 Samara 之后又出现了一个叫作实验室（The Lab）的团队，这个小型团队主要对那些更便于实证的短期产品和理念进行快速更新换代。

两个团队都发端于杰比亚的住所，位于距爱彼迎总部一个街区之远的一套工业化阁楼。2016 年 11 月中旬，这两个团队迁往爱彼迎大楼后的新址。这种独立的"臭鼬工厂"模式在其他大型公司也很常见。这里是杰比亚的甜蜜之乡，仿佛又将他带回到劳什街的那段日子，那时他和切斯基会在大汗淋漓的乒乓球游戏中想出新点子。杰比亚说："我想打造一个适合孵化新创意的安全场所。"

学会协作

这些年来，爱彼迎公司备受瞩目，切斯基和杰比亚成为媒体的焦点，但柏思齐的领导之路在很多方面才是最有趣的。从各方面来看，他是一个技术和编码天才。切斯基早就说过柏思齐在公司里一个能顶三个。他为爱彼迎的发展铺平了道路：爱彼迎成立初期他曾入侵过克雷格平台，他设计的动态广告宣传可以快速锁定具体城市，他还运用特殊技术链接谷歌的关键字广告，他一手打造的支付系统在工程领域传为佳话。如果没有这位首席技术官在爱彼迎发挥作用，它不可能成功打入市场。

比起一般的工程师，柏思齐更有商业头脑。大学毕业后，他参加了研究生管理科学入学考试（GMAT），打算申请一所商科院校。加入切斯基和杰比亚的爱彼迎之前，他在创建自己的网络营销公司方面颇有建树。他做事既有条不紊，又技术娴熟，善于从复杂问题中抽丝剥茧，厘清问题。他自我评价道："我是一个善于分析的人。如果非要说有什么长处，那就是将复杂的事情简单化。"有一年，整个管理团队集中接受迈尔斯-布里格斯类型指标（MBTI）人格测试，柏思齐被测出是ISTJ（内倾、感觉、思维和判断）个性类型，大致等同于Keirsey Temperament Sorter性格测试中的"内倾思维型"。测试结果描述的性格特征逗得整个管理团队成员哈哈大笑。（"那就是他们眼中的我，这个测试就像是了解我所有方面的人一样。"柏思齐感叹道。）

柏思齐对战略策划的兴趣与日俱增，特别是担任首席技术官以来，数据科学部门直接向他汇报工作，他对此也有了更多的见解。2014年夏，管理团队察觉公司的实际措施与许多方案和目标并不完全贴合，柏思齐便创建了一个"活动地图"来记录整个公司正在开展的每个项目。他找出了其中110项，但是这些项目极其分散，由不同的管理人员负责监督同一地区的多个项目。接着他对公司的业务增长进行了深入分析研究，更清晰地认识到爱彼迎的有限房源供应（房东）与快速增长的需求（房客）之间存在不平衡。"在短期内，这不是一个大问题，但从长远来看，这有碍公司正常运作。"他说。

于是他潜心研究提高供应增长率的办法。这110个不同的项目中，绝大部分都与房东有关，因此从2015年起柏思齐就承担了更多的责任，负责房源和房屋租赁规划及运营。他说："我充分利用了自己对整个科技系统的掌控和对公司过往八年发展史的了解，作为公司创始人，我也要树立楷模。"他把全公司互不相干的房屋租赁项目全部集中起来，更充分地研究公司的整体策略。目前，柏思齐的首席技术官头衔仍未改变，但他称这个头衔"有点过时，也容易引起误会"。

迈尔斯-布里格斯测试也揭示了其他一些特征：与整个管理团队以及团队其他成员相比，柏思齐独树一帜。他说："管理团队的综合素质与我的特征截然相反。"监管整个流程的教练说这一点相当重要，并建议公司既然柏思齐看问题的角度与众不同，正好适合参与公司的重大决策。作为公司的元老之一，他十分熟悉公司的事务，不过显然持有不同且重要的观点。柏思齐称："这对我如今担任首席战略官奠定了非常重要的基础。"

这些年来，柏思齐博览群书，阅读的书籍包括：吉姆·柯林斯的《从优秀到卓越》、帕特里克·兰西奥尼的《团队协作的五大障碍》以及杰弗里·摩尔的《跨越鸿沟》等。他从中学会了如何展现自我。"我的性格有点内向。"他自评道,但这些年来他获知的反馈信息是员工很看重三位创始人各自发布的信息——不仅仅是切斯基。柏思齐说:"我必须学会的重要领导才干是展现自我。"

周围的人都称赞柏思齐为人沉着稳重。"他比领导团队中的任何人都更能让我们安心工作。"曾任脸谱网公司顶级工程主管的迈克·柯蒂斯说,柏思齐在2013年将其聘为爱彼迎的技术副总裁。柯蒂斯说:"我们小组充满干劲。柏思齐做事既有条不紊,又技术娴熟,善于从不同人身上汲取经验和动力。他将这些搜集到一起后再反馈给整个团队,我们便能据此做决策。"

三位创始人之间的差异还是不容忽视的。"问问公司里的任何员工,他们都会告诉你我们彼此个性有所不同。"杰比亚说。迈克·柯蒂斯对此深表同意。他说:"他们三人在某些方面也常常存在分歧,他们制衡彼此的方式也特别疯狂。"("他们会发生口角吗?""天,完全是大吵大闹!"柯蒂斯回答说。)几年前,三位创始人参加了另一项个性测试,这项测试里有一个划分为三部分的圆圈,他们按要求先站在同一部分里。管理人员绘制的结果发现,他们三人最后都各自处于同一圆圈的三个不同部分,但与彼此的距离几乎完全相等。杰比亚称:"他们回家后感叹道,'我们以前从未见过如此景象',好似一个完美的等边三角形。"

他们自称这些差异也是三人成功的原因。杰比亚感慨道:

"凭我们当中任何人的一己之力很难走到现在，即便两人搭档，也很难完成。但布莱恩、柏思齐和我三人携手并进，这正是这些年来我们走过风风雨雨、屹立不倒的决胜法宝。"爱彼迎的投资者常常提起这个创始团队，特别是三位创始人的联袂是吸引他们投资的几大主要因素之一。奇普·康利打了一个通俗的比喻："就像披头士一样，乐队成员四人都能独立发行个人专辑，但他们的成就远远不及四人组队时辉煌。"

精心打造企业文化

公司文化在爱彼迎的发展史里独具特色。硅谷的初创公司有一个广为人知的事实：自从爱彼迎的三位创始人从 Y Combinator 项目毕业后，他们一直执着于创建公司文化。切斯基真正从内心深处意识到其重要性还是在 2012 年，当时公司刚完成 2 亿美元的 C 轮融资，是由彼得·蒂尔创建的风险投资公司（Founders Fund）投资的。三位创始人邀请彼得·蒂尔来他们的办公室，当时切斯基想请教一下他。蒂尔只说了短短的一句："别搞砸了公司文化。"他解释说爱彼迎的公司文化是他同意出资的原因之一，但不可避免的是，公司一旦发展壮大到一定规模，公司文化很容易"搞砸"。切斯基严肃对待此事，自那以后，他一直狂热地注重爱彼迎的公司文化。"如果你搞砸了文化，就好似打破了制造产品的机器。"他在博客里就此写道。他认为，公司文化越强大，员工就越有信心出色地完成工作，也就越不需要正式的规则和流程进行约束。流程越少，监督力度越轻，创新氛围就越好。

切斯基认为避免搞砸公司文化的办法就是将其放在重中之重的位置，当然需要精心打造。爱彼迎需要重点关注的领域十分宽广，这就是切斯基为什么在2015年公司全体大会上告诉员工，扼杀爱彼迎的不是监管者或竞争对手，而是丧失了"疯狂"的能力；这也是为什么切斯基执着于每周周日晚上群发电子邮件；这还是为什么公司员工人数未超过300多人之前，他始终坚持亲自面试每个职位的候选人。

爱彼迎的工作场所是组建公司文化的一大重要支柱。2013年，公司搬到了现在占地25万平方英尺的总部，租用了旧金山SoMa社区一座电池厂的整整五层楼。熟知公司的一个人如此描述道，根据谈话对象的不同，你可以说爱彼迎总部像一件艺术品，也可以说它像一座神殿。众多会议室中，大概有二十余间完全效仿爱彼迎在世界各地的房源，就连墙上的装饰品和悬挂物都是一模一样的。这些会议室模仿了劳什街公寓的客厅，加州Aptos科技公司的蘑菇圆顶屋，最近又添加了放置有自动钢琴的维也纳风格房间，你一从书架上拿起某本设有机关的书，它就会自动弹奏音乐（当我们坐在这间屋子里开会时，切斯基郑重其事地说："我们投资的都是一些必需品。"其实这也是他第一次发现这本神秘的书）。

每个楼层都有食品储藏室和迷你厨房，提供咖啡、其他饮料和海苔类零食。爱彼迎的员工餐厅简直是一个巨大的吃货天堂，提供各式各样的美食，有些美食只有硅谷那些市值几十亿美元的公司才会供应。还有令人眼前一亮的是，餐厅有一排48个银色水龙头，纷纷流出的是矿泉水、红酒、啤酒、康普茶，以及一种由木槿、绿茶和马黛茶制成的类似于红牛那样的功能饮料。

爱彼迎集团的所有员工统称为"Airfamily"，简称为"Airfam"，员工可以享受到许多特别的待遇和参加许多活动。例如，"Air Shares"这样的集会里，员工可以分享摄影或者扎染技巧，还有名为"Toastmasters"的英语演讲活动和苦思冥想小组。爱彼迎也举办许多化装派对，无论是广告狂人节，或万圣节化装比赛，还是一年一度德国慕尼黑的啤酒节期间，柏思齐通常以皮短裤露面。爱彼迎分布在世界各地的办事处大多照搬这一套。

理想主义又一次涌现。来自各个部门的员工，从财务规划到项目管理，都自发地践行公司的"归属感"宗旨。最近，全球社区主管道格拉斯·阿特金一直在开发一个"四海为家蜕变之旅"的项目，改头换面的爱彼迎旨在使其客人体验一种被称为"属于这里的蜕变之旅"。在此过程中，房客能深度体验当地文化。目标都是一致的：到达某地时你是一个陌生人，逐步调整自我；然后受到热情款待，你备感放松，完全释放自我。波特兰的一名员工告诉阿特金："在这里我是全脂牛奶版，而不是脱脂牛奶版。"

公司似乎已经超额达标——不仅仅是全脂版本——大多数人似乎都愿意购买。"爱彼迎似乎发掘出了我最好的一面，这一面连我自己都未曾意识到它的存在。"爱彼迎的产品副总裁乔·扎德感慨道。工程部的柯蒂斯说:"我之前所有的工作都是为了到达这一阶段。"公司的首席产品经理乔纳森·戈尔登(曾是数字营销公司 Dropbox 和 HubSpot 的资深员工,之前还涉足过金融行业)称爱彼迎拥有"我见过的最便于流传的公司文化,可供复制,人们总会说'为什么不呢?'"他还称它是"目前为止我所体验的最具有凝聚力的公司文化"。戈尔登说随之而来的负面影响是运转不够高效——越来越多的人倾向于使用电子邮件和参加会议,因为许多人需要融入对话交流——但他认为这种开放性会激励人们做得更多。

安德森-霍洛维茨合伙人杰夫·乔丹称:"他们向空气里注入了一些新元素。你该如何树立公司文化——自上而下——使人们相信他们正在改变这个世界?"美国著名招聘网站 Glassdoor 每年会发布"员工选择奖",而 2016 年爱彼迎取代谷歌,成为当年员工心目中最理想的雇主,脸谱网、推特和 Salesforce 等其他公司紧跟其后。

当内部突发灾难性的问题时,这种文化氛围有助于顺利解决问题,比如 2015 年初某天下午迈克·柯蒂斯的经历。柯蒂斯说,公司的一名工程师不小心将错误的指令输入控制台,一敲击键盘,他几乎删除了公司的整个数据库。"当时,真的就是一瞬间的事。"他回忆道。几乎所有爱彼迎的运营能力和许多未来发展计划都植根于这个巨大的数据库,它收集了人们如何在全球各地旅行的数据,但顷刻间便化为乌有。

"这是一个极其严重的数据丢失事件。"柯蒂斯痛心疾首地说。HBO 曾出品硅谷题材剧《硅谷》,其中演到龙舌兰酒瓶不小心碰到删除键,只是这次的事件更严重、更真实、更糟糕,由一位工程师输入的真实操作命令引起(而电视剧里是由某个部门的明星引起的)。"我吓得脸色煞白。"他回忆起当时的情景。接下来的几天里每天不停地工作 24 小时,一个小团队确定了一个解决方案,最终能够恢复这一切——不过修复过程需要两周时间——但是在找到解决方案前的几天里,他们并不清楚是否真的能予以解决。"真是惊心动魄的一天。"柯蒂斯感叹道。他说当时切斯基的反应是给予他找出解决方案的余地。"他完全可以翻脸,但他没有。"他说道。团队的其他人一如既往地支持这位犯错的工程师(顺便说一声,他现在还在爱彼迎工作),给他制作了印有正确指令的 T 恤衫,现在还挂在这个部门。

当然这种公司文化也有其他问题。爱彼迎的公司文化内涵虽然相当煽情,但也会导致人们尽量避免冲突,出现杰比亚所用的"大象""死鱼"和"呕吐"说法。这是一个干劲十足的环境,切斯基有时可能有点苛刻。比如,当团队努力打开古巴市场时,不知疲倦地招募房东,并在一周内确定了 500 套房源。团队成员将这个好消息向他们的首席执行官报告,得到的回复却是:这的确令人欢欣鼓舞,但希望他们再接再厉,在接下来的三周内再将房源数量翻倍。几年前,当公司增长速度超过预期时,扎德曾谈到他患上了肺炎并"差点让自己入了土"。

随着规模越来越大，公司也引进了新员工和高层管理人员。早期许多员工仍然认同公司奋发向上的精神本源，而这些新人展现出来的价值观与早期员工并不相同。那时早期员工总会向那些从未听说过公司的朋友描述爱彼迎，扮演一种拓荒者的角色。然而，飞速发展的爱彼迎也开始吸纳更多的工商管理硕士毕业生和那些看准了公司发展时机的人士，他们想搭载上这个飞速升空的火箭，打造自己的职业生涯。Glassdoor发布了一个兼具"正面"和"反面"看法的调查，反方比较普遍的抱怨是新的爱彼迎经理缺乏经验，公司文化并没有渗透到每一个团队。一个职员写道："害群之马的确存在。"（另外的反对意见则是，未给公司职员开设退休投资账户，也没有提供晚餐。）

切斯基认为若要发展公司文化，就应当确保公司在适应新规模的同时仍然保持透明度。为了促进公司机构上下层之间的交流，切斯基将自己从斯坦利·麦克里斯特尔那里学到的想法付诸实践，公司每周组织一次管理人员会议，外加每人进行一次直接报告（约100人）。

目前，三位创始人和道格拉斯·阿特金一道紧密合作，正紧锣密鼓地忙于修改公司神圣的章程，即2013年制定的六项核心价值观（其中包括"热情好客""承担使命""勇往直前""成为麦片企业家"）。这些理念在公司规模较小时发挥着绝佳作用，但随着时间的推移，它们明显有点束缚过多，而且其中某些理念与他人的价值观容易冲突，阿特金称它们太过于"天真和神秘"。

更糟糕的是，有些员工利用自己的职权优势随意安加罪名。如果有人不同意员工的建议，这位员工便会控诉他没能"勇往直前"。

阿特金和三位创始人（他称之为"男孩"）将六条价值观浓缩到三条，目前这些并不是最终确定版本，主要围绕以下三点：热情待客或感同身受，独辟蹊径和打破常规，将使命感放在首位——这一点也许有点意外。阿特金正在策划重新发布这些理念的日子，员工将"像茶包一样浸泡在这些核心价值观"中，并加以反复灌输。他告诉我说，全体员工大会是爱彼迎的下一场盛会，这将是"员工人数扩充后的高潮"。

公司正在尝试调整其文化的另一个方面是，像许多硅谷的同行一样，爱彼迎的公司文化过于"直白"。这是所有科技公司的一个通病，但爱彼迎面临的另一个严重危机是平台上房东严重的歧视行为。许多人（包括公司创始人）都表示，爱彼迎缺乏多样性——三位创始人都是白人——他们因此没有预料到网站平台会出现歧视行为。

2016 年夏，在《财富》举办的头脑风暴技术大会上，切斯基和贝琳达·约翰逊一起上台，观众席的最后一个问题来自非营利组织 Black Girls Code 的创始人金伯莉·布莱恩特："我想知道，你们有没有意识到或许公司产品设计上的一些问题源于设计者团队本身不够多元化？爱彼迎员工中只有 2% 是黑人，用户中 3%

是拉丁裔。如果从整个科技界来看，比例或许更低，大概只有1%。"整个会场鸦雀无声，"我很感激你为重新设计和打造爱彼迎所付出的努力，我想斗胆请你调查一下贵公司的员工构成情况。"根据爱彼迎最近公布的多样性报告显示，其中黑人员工占总数的2.9%，西班牙裔或拉丁裔员工占6.5%，男性占57%。这些数据表明，爱彼迎在这一方面要领先于脸谱网和谷歌两大公司：脸谱网的黑人员工占2%，西班牙裔占4%，男性占67%；谷歌的黑人员工占2%，西班牙裔占3%，男性占69%。

但是，爱彼迎的黑人、西班牙裔或拉丁裔员工的比例比2015年略有下降，女性员工的比例也有所下滑（尽管女性领导者的比例有所提高）。公司业已承认这是一个大问题，并正在努力解决：雇用了新的多元化主管，将美国总部的员工中代表性不足的少数族裔百分比从10%提高到11%，并施行一套新的招募合作方案和政策。比如，所有高级职位的候选人都必须包括女性和代表性不足的少数族裔。切斯基回应说："我们必须改善这一问题。"

目前，切斯基、杰比亚和柏思齐三人面临一项新的管理挑战：将爱彼迎从一家产品单一化公司转变成产品多元化公司。他们准备掀开公司发展史上的新篇章，打入食宿以外的其他旅游市场。这是一个筹备了两年的项目，正如我们将看到的，这将是一项重大举措。在斯坦福大学开展的"技术驱动型闪电式扩张"课程中，切斯基向听众介绍说："我知道如何推介产品，我曾成功地完成过这项任务。但是，在现有业务成效显著的情形下该如何推介新产品呢？"

切斯基认为这就像第一次宣传产品那样无例可循。他说道，据他自己推测，这次更为复杂：你可能需要更多的资金和更多的资源，但人们不会理解你为什么要敦促他们做其他事情，他们只想把重点放在原来的业务上。切斯基称："从一家单一化产品公司转变为二元化产品公司，其意义非常重大。"为了实现这一目标，他引进了一个新的"资源"：硅谷战略与创新咨询专家杰弗里·摩尔，他擅长帮助管理人员将一元化产品公司演变成多元化产品公司。

切斯基认为这次的扩大业务范围战略对爱彼迎的未来至关重要。他指出，大部分规模较大的科技公司都持有不止一个产品。苹果公司先是以电脑产品起家，接着又瞄准了手机和手表市场。亚马逊先是卖书，然后又卖其他产品。他说："我认为所有的持久性运营公司都需要这样做，如果你是一家科技公司，你不可能指望自己最初的发明经久不衰。"

对于爱彼迎而言，创新的焦点在于开始售卖整套旅行计划。

第八章

爱彼迎的未来

在我撰写本章时,爱彼迎正在召开公司年度房东大会。每年的庆祝活动为期三天,房东都会按计划齐聚一堂,相互交流,感受公司的宗旨和文化。公司会将"归属感"的圣水洒向成千上万充满激情的信徒。房东大会类似于小规模的伍德斯托克音乐节的音乐串烧、TED大会或伯克希尔–哈撒韦公司共享经济年度会议,是一场倡导"热情待客"的集会,有助于公司宣传其宗旨以及向房东表达敬意。2016年,房东大会定于11月中旬在洛杉矶举行。凡是在爱彼迎注册的房东都会收到请柬,但活动主要邀请其中约5000名最活跃的用户。参会者自费从世界各地飞来(费用包括机票、住宿——当然入住爱彼迎民宿——每场活动的票价25美元起,全部活动的套票价为300美元)。2016年,一些爱彼迎房客也受邀参加,还有少量投资者、董事会成员、随同创始人前来的挚友和家人,但大会主要还是邀请房东。评论家说这是爱彼迎主办的一场精彩活动，庆祝公司最重要的利益共享群体（房东）融入暖意融融的招待性行业，值得前来参与。爱彼迎在大会上使用扩音器号召听众行动起来，支持对法律法规进行调整，将殷勤待客的理念灌输给房东。

这一年房东大会的规模超过以往，公司借此机会推介已筹备良久的爱彼迎 2.0 计划，标志着这家备受争议的颠覆性初创公司将采取新的举措，迈向"全新"的阶段（这也是自 2015 年巴黎房东大会后的首场集会，当时的巴黎大会因恐怖袭击而中断）。到场的发言者包括格温妮丝·帕特洛、阿什顿·库彻、《美食、祈祷和恋爱》一书的作者伊丽莎白·吉尔伯特、《美丽心灵》的制作人布莱恩·格雷泽、大厨兼企业家丹尼·梅耶以及其他一些名人。洛杉矶市中心的各大活动场地都设有论坛和会议，其中 Bélo 颁奖仪式是一大亮点，这是公司每年的房东奥斯卡奖——命名缘于爱彼迎的波形徽标。这次颁奖典礼由喜剧演员詹姆斯·柯登主持。

数月来，跟踪观察员四处收集爱彼迎公司的新动态。几个月前，公司举办了一场名为"入乡随俗"的发布会活动，切斯基说公司的全新应用程序有助于用户摆脱旅游时的无聊空虚感，发言结束时还调侃道："问题在于，要是爱彼迎不仅限于房屋租赁市场会怎么样？"他接着说了句："11 月再见。"做了个漂亮的"扔麦"动作后离开会场。不久之后，一些关键市场的旅行者受邀尝试了名为"城市房东"的新计划，即在一些城市，爱彼迎房客可以和当地人同行游玩数日。

在洛杉矶房东大会上被正式宣告的"奇幻之旅"计划,是自2014年底以来爱彼迎一直致力于打造的"出行"规划。到目前为止,这个新项目是爱彼迎浓墨重彩的一笔。11月大会召开前,切斯基陪我看了看试行方案。这一方案还未完备——我们交流后公司仍做了大量调整——但它标志着公司推出了新的一系列旅游产品、服务和体验,全都融合在囊括"旧版"和"新版"爱彼迎的新应用程序里。

目前,这次业务扩展的最显著元素是"城市房东"项目,后又更名为"体验",旨在为那些反对常规旅行模式的旅行者提供当地人陪同的服务,由爱彼迎管理和审核,彰显当地人与众不同的技能和个性。在初期市场测试阶段,人们可以选择:"维多利亚香水之旅",由专业的"嗅觉大师"陪同游览巴黎那些隐秘的香水店;"威利长跑之旅",可以在肯尼亚著名长跑运动员居住和训练的高海拔训练中心逗留4天。在迈阿密,一位消防器专家向你传授"灭火"技能;在意大利,你可以和第三代松露搜寻者一起找寻松露等。

这些体验活动的花费约为200美元,几天内可以体验三四场不同的活动,每次有多人参与,因此如果你去找寻松露,便会发现有一些志同道合的爱彼迎用户也热衷于这项体验。房东会收取其中80%的费用,赚一点钱,而房客可获得一次独特体验,他们回家后可以与朋友们分享。如果一切如切斯基所愿,这又会掀起新一轮的爱彼迎热潮。也有一些适应二级市场需求的计划,组织一些更小规模的"照菜单点菜"式的体验活动，比如冲浪或攀岩，用户可选择在旅行时参加或者在所住城市参加。

整个理念并不新颖。几年来，微度假产业里已涌现出一些提供点对点体验的初创公司，但这些公司没能一炮而红。切斯基说，这是因为服务质量不高，体验活动缺乏个性，而且它们也不具备拥有数百万潜在用户的平台。爱彼迎推出的计划旨在提供一种超本地化旅行，让人们体验舒心的生活、领略当地的风土人情或者走访当地居民区。"这些是深度旅行，彻底融入当地人的生活，"切斯基说，"我们认为这种颠覆性的旅行方式仍未起步。"

以上内容只是整个新计划的一部分，其他关注领域还包括助推重大赛事期间公司业务的新措施，让客户既订购镇上所举办大型活动的门票，也预订爱彼迎在房东客厅或者酒吧独家推出的音乐会或沙龙活动等。更新公司的指南手册，增加由知名人士或爱彼迎房东推荐的当地特色项目。此外，公司设计了"绝妙的行程计划"，这是一种能搜集所有用户新订单的电子日历。新应用程序还能提供日常服务，比如房屋设施、手机用户身份识别卡、网络连接等。公司还想大力打造旅行活动安排，因为切斯基认为："这块市场大有可为"。所有这些全新介绍都可以上网浏览，但只能通过移动设备订购，各种内容都配有录影，而不是照片。切斯基说："我们认为未来旅游业的卖点是摄影录像和深度体验。"

切斯基希望这些新项目能让传统旅游业彻底改变思路，就像房屋短租已颠覆革新了酒店行业一样。他想讲述一些真正有所创新的事物,因此采用了"新一代"的说法:新的指南手册是"新一代指南",公司储存的新验证身份号是"新一代验证号",共享经济是"大批量生产后的新一代模式"。如今,他相信爱彼迎正在推出新一代旅行模式。他说:"我希望本场发布会后,你的旅游理念会彻底改观,你仍然可以称之为出行或旅游,但爱彼迎将让你之前心目中的旅行焕然一新。"

在许多方面,这一计划是公司核心业务顺理成章的扩展。爱彼迎双倍下注,着力打造"入乡随俗"和"反弗罗默"①的旅游模式,过去几年来进行了深入研究。在反复验证的过程中,公司从旧金山渔人码头挑选了一位名叫里卡多的游客,委派一位摄像师尾随他几日,拍摄到他在阿尔卡特拉斯岛时透过浓雾眺望金门大桥,在巴布-阿甘虾餐厅就餐。爱彼迎计算了他的账单,发现其大部分钱花在总部位于其他城市的特许连锁经营店。公司"奇幻之旅"团队为这位游客重新策划了一个近乎完美的旅程:体验20世纪20年代的主题餐会,由当地人做向导在旧金山的贝纳尔高地附近漫步,给他介绍如何参与自发组织的午夜"神秘"自行车之旅,60名车手将用霓虹灯装饰自己的自行车,环城骑行一圈,凌晨2点或3点结束。切斯基说:"目前,旅行往往无法深入,只限于游览一些公共场所,这将引领人们深入社区,真正领略当地的风土人情,这是一种深刻的转变。"

---

① 亚瑟·弗罗默(Arthur Frommer)是一位作家,他撰写了颇有影响力的《弗罗默旅行指南》,这套书很适合意图在经济上节省开支的家庭。——译者注

除了旅行体验外，重大赛事和指南手册也表明爱彼迎想让其用户在自己所居住的城市使用这一平台。"爱彼迎已开始融入你的日常生活，"切斯基告诉我，"这不仅仅是一种新的旅行方式，从某种意义上说，也是一种新的生活方式。"这个新项目称为"出行"，不过他指出自己希望有一天公司不再需要区分平台上的各种产品和服务，而是统称为爱彼迎。他指出，房屋租赁可能最终只占公司总收入的一半以下。

步入这些新领域背后的商业分析在于，如果爱彼迎能提供一系列旅行体验活动，公司便能从这些活动中获取额外收益，甚至就在用户所住的城市。关键在于，这大大加深了公司和用户之间的联系。新项目也能助推平台大幅度扩展，但一切还是归结于公司的两大品牌宗旨，即提供独特体验和加强普通大众的沟通交流。切斯基说："我们之所以这样做，是因为我们认为'出行'是终极需求，这是我们心之所向。"

当然，设想一下新项目启动后的景象。虽说这项计划奇妙且富有创意，但一些人并不愿意花费几百美元和陌生人一起按活动安排度周末。爱彼迎给旅游业带来了新变化，不过公司也进入了一个竞争激烈的市场，需要同现有旅游市场里的各类对手较量：传统的旅游经营者、Yelp点评网站、Foursquare手机服务网站、猫途鹰旅行网站以及孤独星球（Lonely Planet）和悦游全球旅行网。爱彼迎针对房屋共享问题锐意革新，开辟了一条发展道路，偶然地发掘了一些极具吸引力的元素。对于这次产品推介，它反其道而行之：由爱彼迎的专家团队设计出一种理念，并加以验证和调整，随后正式推向市场。成功不会像第一次那样容易。这引发了一个颇有趣的问题：真正的颠覆革新是经过周密策划，还是偶然发生时更具影响力？

对于一家核心业务仍在迅速增长的公司而言，这是一项重大的新尝试，不过切斯基一直对核心业务心存担忧。三位创始人深知如果强大的科技巨头过于执着于其核心产品，随着时间的推移会日渐衰落（通信公司黑莓、DVD 租赁公司 Blockbuster、数字录像设备公司 TiVo 等是典型的案例）。切斯基研究了一些经久不衰的大型科技公司，比如谷歌、苹果和亚马逊，之后得出两大结论：科技公司的存活有赖于能否突破新领域；首席执行官需要具有远见卓识，不满足于现状，提前构思新项目。近两年来，切斯基重点负责"奇幻之旅"，这个项目占据了他 1/3 至一半的时间。

为了琢磨出爱彼迎如何才能实现跨越，切斯基从那些有过类似成功经验的企业身上找到了灵感，特别是迪士尼。"奇幻之旅"的运作模式模仿了沃尔特·迪士尼创立的沃尔特·伊莱亚斯·迪士尼公司，简称为 WED。它是一家建于 20 世纪 50 年代的子公司，创立了迪士尼乐园（最后被其母公司收购，重新命名为沃尔特·迪士尼幻想工程）。"没人预见到会诞生迪士尼乐园，"切斯基说，"迪士尼乐园在 20 世纪 80 年代挽救了公司。如果没有迪士尼乐园，那么迪士尼公司就不复存在了。"他见过迪士尼公司首席执行官鲍伯·伊格以及迪士尼前首席财务官杰·罗思乐，后者后来负责管理迪士尼所有的主题公园。他还见过迪士尼主题公园前任主席保罗·普莱斯勒（后来他成为美国休闲服饰公司盖普的首席执行官）。"我们的新产品主要按照迪士尼乐园的创意设计。"切斯基说。他还从其他一些已独立经营的公司那里获得灵感，比如苹果公司的乔纳森·伊夫和亚马逊公司的杰夫·贝佐斯。其中贝佐斯将亚马逊从一家网上书店转型为大型零售商，这一颇为成功的最佳模式正是切斯基试图达成的。

切斯基还说自己从特斯拉公司的埃隆·马斯克那里得到了一些建议。马斯克提醒他要注意预防公司发展到一定规模后会步入"管理阶段"：公司在"创立阶段"后进入"发展阶段"，再到"管理阶段"，这一阶段公司的业务增长率保持在10%—20%，标志着公司业务达到饱和状态。"爱彼迎绝不会步入管理阶段"，切斯基保证道，"它会一直处于发展阶段，处于第一或第二阶段，这就是我们在11月推出大量新产品的原因。今后还会有更多新产品。"

"这次推介新产品对爱彼迎意义重大。"他说道。不久后还会有一件对爱彼迎意义非凡的事情：公司股票首次公开发行。目前，切斯基及其公司仍然否认上市即将提上日程。2016年春，切斯基告诉Bloomberg West栏目，两年内公司都不准备上市，因为公司不缺资金。我在秋天再次询问他此事时，他还是说近期没有上市计划。他说公司资金充足。目前，它已筹集到40亿美元，包括2016年9月的5.55亿美元，并采取具体措施排除上市压力，比如承担 10 亿美元的债务融资，其中包括最近一轮 2 亿美元的二次发行，为早期员工提供流动资金。切斯基一再强调爱彼迎的投资商富有耐心，大多都投资较早，已经获得了可观的收益（自 2009 年首次投资以来，红杉资本每轮都参与，只有最近一轮未参与，因为爱彼迎本轮想要吸引战略投资者。公司 15% 的股份现在市值约 45 亿美元）。即使想要上市，爱彼迎也会等到纽约和旧金山的法律法规问题得到解决之后。无论做出何种选择，公司最终还是会上市。2015 年，爱彼迎聘请劳伦斯·托西出任首席财务官，他曾是私募股权公司黑石集团的前首席财务官。

切斯基说投资者给予他上市的压力小于人们所想象的，因为公司主要由创始人掌控，并且经过精心挑选的投资者都赞同创始人对公司的远景规划。"当时你选择的是志同道合的投资者，自己信心十足，"切斯基说，"创建哪类公司由我们自己做主，我们对此直言不讳。要创建一家长期经营的公司，当然存在风险。"他说 2015 年公司进行了最大的一轮融资，当时在会上他用了一个半小时向投资者解释公司的宗旨、文化以及长远发展规划。他说："一些投资者放弃了，那不是他们心目中的公司，他们想确定我们几年后会上市，但我不赞同。"他说自己力图减缓公司的发展速度，比如花钱重新设计 2016 年版移动应用程序，而不是优化原有网站，以及两年来斥巨资酝酿"奇幻之旅"项目。

切斯基援引里德·霍夫曼的一个理论，说他想让爱彼迎跻身为"一流"科技公司——一家拥有几千亿美元市值的公司，和苹果、谷歌、脸谱网和亚马逊等公司齐名——而不是一家"二流"公司,即市值约 100 亿—800 亿美元的公司,爱彼迎目前已达到这样的规模。他说:"我认为如果你想成为一流公司,那么就不能在公开市场表现不佳。"因此他想先让公司发展壮大起来。"我可以说几乎我们所有的投资者都认为,我对公司的期望比他们高得多。"熟知公司情况的投资者说,爱彼迎得用 10 年时间才能跃身为首家市值 1000 亿美元的网上旅游公司。

但是风险投资家和公开市场截然不同,后者更关心公司保持高增长率的能力,也不会以 10 年为周期。公开市场更关注监管风险,而风险投资者却对此不太上心。其他的风险包括竞争:虽然爱彼迎主导着市场,但房屋租赁网站 HomeAway 拥有 120 多万套房源,在线旅游网站亿客行的所有权人财力雄厚。2015 年,HomeAway 宣布进军城市市场——这是爱彼迎的核心业务——推出新的"城市计划",内设一系列城市指南,介绍当地特色。加拿大皇家银行资本市场分析家马克·马哈尼说:"爱彼迎开创了另类住宿市场,但这并不意味着他们能赢得这一市场的最大份额,旅游网站 Priceline 和亿客行拥有两大出色的网络运营商,数据流量很大。"

但是人们普遍一致认为爱彼迎的发展渠道众多。尽管发展迅速,公司仍未引起大众的极大关注。Cowen 和高盛等调研公司的调查发现,不到一半的调查对象听说过爱彼迎。Cowen 发现不到 10% 的人使用过该平台,表明从品牌知名度来看,爱彼迎还应扩展两三倍。调研公司也发现即便有些人听说过爱彼迎，却从未使用过，这些人中 80% 以上说自己愿意一试，66% 说打算明年之内试试看。Cowen 公司的研究人员说："我们期望爱彼迎能比目前的规模大许多倍，发展成全球房屋租赁业中数一数二的公司。"爱彼迎在中国市场有巨大的商机，2015 年通过这一平台境内游和出境游的中国游客增长了 7 倍。美国小城市和度假市场也是主要的增长点。"显然所有公司都会达到饱和点，"里德·霍夫曼说，"不是每个人都愿意去租别人的公寓。但从表面上看，和目前相比，公司应当获得更多的订单量。"

达到饱和点仍然看似遥远。据说目前公司每周的房客平均增加 140 万人，房源增加 5.5 万套。2016 年底，房客入住总量为 1.4 亿次，到 2017 年 2 月这一数据预计会涨到 1.6 亿次，不久还会有所增长。爱彼迎并未公布自己的财务报告，但投资者预计公司 2016 年的总收入高达 16 亿美元，息税折旧摊销前利润为 1.56 亿美元；预计 2017 年的总收入为 28 亿美元，息税折旧摊销前利润为 4.5 亿美元；预计 2020 年的总收入将达 85 亿美元，息税折旧摊销前利润为 35 亿美元。

以上数据合计起来，加之爱彼迎拥有高效的经营模式、领先的市场地位、强大的开创和管理队伍以及初具规模的旅游产业——约 7.2 万亿美元市值——对投资者有着巨大的吸引力。55 Capital Partners 公司的市场策划师马克斯·沃尔夫说："目前爱彼迎颇具吸引力的缘由在于它可能是同类公司中最优秀的。"他说这家公司"比起同类科技公司，技高一筹，更成熟完善，有可能成为招待性行业彻底的变革者"。

收获全社会的"热爱"

无论爱彼迎选择何时上市，华尔街外总会有一群人对此密切关注：一些爱彼迎房东。毫无疑问，数百万爱彼迎房东会把这一时刻视作公司的胜利和重要的里程碑，因为公司为他们提供了收入来源。但有些人会认为他们也应该持有股份。毕竟，他们帮助创立了公司，管理平台所需的产品和服务。

在纽约市史坦顿岛，汉斯·彭茨和妻子出租了自家住宅里的两个房间。彭茨现年38岁，是一位面包师，最初开始出租住房是为了筹钱发展企业。现在这对夫妇租房是因为他们想要获得额外收入，并喜欢和来自世界各地的人住在一起。彭茨热情好客，笃信爱彼迎"正在让世界变得更美好"。他也认为房东，至少是交易量最大的房东，应该获得上市前的股份。"房东是公司的基石。"他说。他说自己和其他一些房东与爱彼迎商讨过此事，如果他是公司的现有投资者，"我肯定会问公司如何才能留住房东，这样房东才不至于决定自己经营"。

我向切斯基问起此事时，他说公司已经进行了调研，并在内部讨论过。他说很难在私有市场将股份分给100万人，因为每个投资者都必须清楚公司的财务状况。"这相当复杂。"亿贝公司上市时也遇到过同样的问题，但它最终并未把股份分给网站上的销售商。这种想法存在许多潜在问题，比如如果股价下跌，房东们会闷闷不乐。也就是说，如果爱彼迎找不到奖励房东的办法，对于公司这些最重要的持股群体而言，股票上市就不是一个欢庆场面，而可能是充满怨恨的时刻。

更严重的问题还包括：如果上市，公司的宗旨会发生变化吗？仍是以"归属感"为核心吗？改变世界的信念呢？还是"饭桌上的联合国"吗？它能实现社会使命，成为华尔街上的巨头吗？当然，许多科技行业巨头都声称自己富有使命。脸谱网旨在"使世界更开放、更紧密"。谷歌最初的口号是"永不作恶"，后来它的新母公司 Alphabet 将这一口号改成了"做正确的事"。但要在公司的使命和华尔街的预期之间达到平衡是一件相当棘手的事。

"我真的欣赏这三个小伙子，他们很真诚，"网上技术刊物 Backchannel 的总编杰西·亨普尔称赞爱彼迎的三位创始人时说，"但更大的问题在于，这是一家注定有瑕疵的互联网公司吗？如果你相信使命，就不要追逐利润，像维基百科或克雷格一样。"她指出维基百科采取的是非营利模式，而房屋租赁平台克雷格也称自己属于非商业化，旨在为公众服务（其实它是一家营利性公司，但没有募集风险投资）。亨普尔认为科技公司一旦获得任何风险资本，它就会受制于投资者追求最大回报的意图。"基于风险投资的初创公司有一些独特参数，即公司需要不断发展壮大，其重要性高于一切。"她说道。

切斯基认识到了这种冲突（2008年曾有一小段时间，切斯基对商业一无所知，当时他认为非营利是正确的发展方向）。但他说作为一家由创始人掌控和管理的私有企业，"如果你能支配董事会，那一切都由你决定"。公开上市便会是另一番景象。切斯基说："我确实认为自己无法解决上市引起的一大问题，上市公司要求为股东的最大利益着想，问题是你无法选择自己的股东。"他们可能仅关心短期回报。"这很难协调。"他说。他谈到史蒂夫·乔布斯和杰夫·贝佐斯等固执己见的首席执行官："我认为史蒂夫不会听取投资者的意见，也许贝佐斯能压倒他们，但许多首席执行官做不到。"

爱彼迎投资商兼董事会成员杰夫·乔丹的观点更强硬。他说："人们认为上市或获取风险投资是不对的，但若要创建一家经营持久的公司，让你的产品持续很长一段时间，那就得成为上市公司。谷歌、脸谱网、阿里巴巴，这些都是正在引起世界变化的公司。如果你想创建一家长期经营的公司，并掌控自己的命运，上市便是你的选择。"

显然，爱彼迎已经突飞猛进。近来没人再会认为它是一家非营利性的公司。但是任何公司只要发展到爱彼迎如今的规模，必然会遭遇强烈抵制，早期用户开始抱怨公司规模发展得太大，逐步丧失了以往与众不同的特性。这些用户曾引以为傲，自认为站在新模式的前沿，加入了反传统文化的行列，现在却颇有微词，觉得公司的平台过于庞大，已演变成主流。

位于西雅图的房东罗谢尔·肖特于 2013 年开始使用该网站，成为一名超级房东，开办了一个名为"欢迎加入"的博客。但是，随后她在美国科技媒体网站 The Verge 上撰文写道，她于 2015 年停止出租房屋，因为她认为现在的用户已经变得过于大众化。"我认为用户群体发生了变化"，她说在 2013 年时感觉爱彼迎就像一种真实的社会实验，"开辟了新领域，吸引着那些开放随和的人，不用担心卫生间的镜子上出现斑点"。她还认为，截至 2016 年，这一平台"成了普通旅行者想要寻找超八星汽车旅馆体验的地方。比起早期房客，我不喜欢这些旅行者"。巴塞罗那房东菲尔·莫里斯创建了名为 Ourbnb 的房东网站，在由《以记事赚钱》播客制片人发布的爱彼迎口述史里，他表达了类似的情绪。他说："我们总是感到从前的爱彼迎更有趣、更有个性。"

切斯基希望旅行项目的新尝试有助于让一些早期用户重温社会实验的新鲜感。他说，公司的出行产品会更贴近其宗旨。他希望细化业务后，网站的不同版块能同时吸引不同类型的旅行者。柏思齐也认同这是一大创新时机："我们如何才能确信给早期用户带来了适合的体验呢？这些用户喜欢房东提供的个性化款待，也为想要体验舒适生活的人们提供所需。这既是挑战，也是机会。"公司不想"毫无特色"，却难以把握分寸。2016 年的房东大会首次举办了"合作伙伴出场"活动，其中包括美国运通公司和一些二级赞助商，比如达美航空公司。

实际上，"出行"项目让爱彼迎的批评家们大吃一惊。公司迈向上市的过程中，偷偷寻找开销最大的公司用户，这一切却毫无征兆。这不是罪恶地强占土地，为了得到更多的家庭或商业房产。切斯基说如果公司想要不惜一切发展壮大，利用现有平台就能轻而易举做到。"我们还未深入房屋租赁和酒店行业市场，因此如果只是想要强大，我们便能做到。"他说。然而，扩展到旅游行业能强化爱彼迎"独具一格"的特性，至少在目前阶段能起到这种作用（虽然公司最终可能会面临同样的局面，即专业旅游运营商想在"出行"平台推广它们的体验项目，但目前所有的体验项目都是由爱彼迎审核批准的）。如果这是爱彼迎的未来蓝图，也许公司便不会被那些根深蒂固的产业过多排斥。

反对爱彼迎的呼声仍然日益高涨。在本书即将印刷前，我谈到过参与反对的各方力量，他们告诉我仍然坚信爱彼迎会继续掩盖网站里专门用于出租的房屋以及非法旅馆的真实数据。爱彼迎会继续声称发布的数据将误导大众，公司与以上业务无关，并会采取一切措施予以制止，比如公开更多的数据。切斯基说他相信时间能证实自己没错。"我认为事实总会水落石出，"他说，"历史比现在更能让人明察善段和了解实情，因为现在仍是迷雾一团。"随着公司及其平台基础不断扩大，围绕爱彼迎对用户造成的影响问题也有可能加剧。"即便对那些喜欢爱彼迎的用户来说，发生在冰岛雷克雅未克市的事件也有些骇人听闻。"Backchannel 的总编亨普尔说道。她认为爱彼迎及其同行掀起的短租热潮给房屋租赁市场造成了冲击。

切斯基从这里得到了一个大教训：他策划爱彼迎下一步发展时要预想到公司会面临各种敌对势力。创始人开创公司时，他们没有想到公司会变得如此庞大、如此遭人孤立、如此受人怨恨。这段时间，切斯基说自己一直忙于设计新的"出行"项目，充分考虑了各种情况——"睁大眼睛"观察这项业务对周围和现有参与者可能产生的影响。"8年来一直驻足于房屋租赁行业，遇到过抗议和批评，这次也毫无例外。"他说。现在，公司聘请了一流的法律和政策专家，他对可能的抵制做好了准备。"社会公益"体验主要和当地的非营利机构合作，占据了爱彼迎旅行业务的10%。公司和许愿基金会建立了积极的伙伴关系，准备推出"心愿之旅"，并开展相应的体验活动。切斯基和他的团队故意选择那些收效明显、项目最受欢迎的地方作为推广此项业务的城市，比如内罗毕、底特律、哈瓦那和开普敦。"我们不会在纽约推广。"他解释道（他说他们会加入旧金山，虽说旧金山市场状况频出，但公司需要在自己的总部后院测试产品）。

对爱彼迎核心产品的监管不确定性并未阻挠公司计划未来成为房屋租赁巨头的蓝图。在一些市场，房东已经开始将爱彼迎的预期收入计入索要的房价内。建筑商正在设计格局一致的公寓楼，并减少停车位（更不用说亚马逊无人机在屋顶有块着陆地）。KB Home 是美国最大的房屋建筑商之一，它已经设计出一种新型卧室，"灵感源自爱彼迎"，床和桌子都可以折叠，墙壁可以移动，将客厅的一半面积改装成一间卧室。订购房屋设计杂志的读者也许注意到书里越来越多地介绍诸如折叠式沙发等产品，这些设计产品便于招待"客人"。

再看看爱彼迎总部，员工们正忙于公司的下一个大型测试项目。工程和产品团队正在努力改善公司的匹配技术，基于用户前期在网站上的预订行为，采用机器学习和人工智能手段更好地预测房东和房客的行为模式。此外，这些技术还能预测用户的个性化和美感偏好（你喜欢超现代还是古典建筑风格，或者你的音乐品味是倾向于拉赫玛尼诺夫还是威肯）。公司还开发了一种新工具，房东可以招募一名"联合房东"共同管理房源和分享收益。与此同时，杰比亚在萨马拉的创新团队主要负责想出更多新点子，比如最近一个项目就是要为难民等大批流浪人群设计不需要联网的通信方式，他们有电话但无法通话。

切斯基和杰比亚也在为公司的运作制定新标准。目前，公司采用的是"北极星"模式，即预订的夜宿次数，但因为夜宿的质量五花八门，他们希望找到更好的标准评测归属感。当我问及"出行"产品如何契合公司的业务目标时，切斯基转身对我说："公司的终极目标，即宗旨是创建一个你随处都有归属感的世界。"

从来还未出现过像爱彼迎这样的公司。短短9年，白手起家，市值从零猛增至300亿美元。它的理论并不新颖，但其受欢迎的程度可与亿贝这个网上跳蚤市场相媲美，实属少见。也很少有领导者能像三位创始人一样虽说先前缺乏管理经验，却一跃到商界顶层。经营企业比表面看起来要复杂得多：红杉资本的道格·莱昂告诉切斯基，在公司的任务分配中，切斯基承担了最艰巨的首席执行官的工作。虽然许多其他颠覆性技术公司已开辟出各自的发展道路，但爱彼迎面临商业和监管之间以及新旧产业之间的现代摩擦，这种分歧异常情绪化和激烈，令人难以想象。乍一看，许多人认为其商业理念相当古怪离奇。

爱彼迎在其经营领域之外产生了连锁反应。谷歌和脸谱网分别由两位来自斯坦福大学的博士和一位毕业于哈佛的社交平台创业家创建，这两家公司大获成功后，他们的创始人便成了范例。同样，在寻找下一个热点项目时，风险投资人现在比较看重有着设计背景的首席执行官。曾经表示拒绝爱彼迎的许多投资者纷纷重新设定自己判断商业策划的标准。

不管出自何种缘由，爱彼迎本不可能取得成功。三个小伙子突然有了一个理念，随后摸索下一步该如何进行。他们缺乏从商经验，全靠自学。如果从传统商业标准来衡量，他们做的事不合常理：早期他们并没有集中精力发展企业，而是把所有的注意力和资源倾注在4800千米以外的一小撮用户身上。他们不怕麻烦，斥巨资给需要的顾客提供房屋专业拍照服务。他们做了许多看似奇奇怪怪的事，经历了各种挑战，最后公司不仅为人们所接受，而且风行世界。总的来说，这是一个白手起家的故事。

他们的成就离不开综合能力，让他们能战胜挫折，完成非常复杂的任务，换作另外一个三人组根本无法完成：创建全球支付平台、确立搜寻和匹配方法、设计出尽可能安全的系统，即便不能完全排除危险——以上所有创新随后都被视作标准融入了其他类似平台。他们奇特的构思加上顺畅快捷、操作简便的网站，迅速赢得大批如饥似渴的用户开始关注，接着公司不断发展壮大。爱彼迎到底是如何管理的，却很少有人问及。

当然，三位创始人拼命奋斗过，这也是最初三次推介失败后他们仍不放弃的原因。为此，早期他们曾专程前往等候迈克·赛贝尔和保罗·格雷厄姆等导师，预约面谈时间，征求建议和反馈意见。他们颇有胆识：自称为博客在2007年设计大会上畅所欲言，敢于挺进把房屋租赁业务视作非法的市场，在德国扎姆韦尔兄弟蓄意收购他们公司时断然拒绝，在纽约州总检察长下发传票时予以抵制。

一路走来，他们走过不少弯路，8年来也学到了一些受益一生的经验教训。毫无疑问，更多的错误和更大的教训还会随之而来，更多不幸也会降临。同时，竞争也会越来越激烈：HomeAway正慢慢逼近爱彼迎的核心市场；传统酒店行业虽然过去对他们嗤之以鼻，但也开始慢慢注重"另类住宿"的开发；一批新的初创企业着手整合理念，细化发展方向。许许多多的事情都会由此发生。

切斯基、杰比亚和柏思齐的成功还源于恰逢时机——消费群体欢迎像爱彼迎那样的非传统理念。经济大萧条削弱了全球消费者的购买能力，城市居住成本变得越来越高。千禧一代的涌现及其完全不同的价值观代表着强大的消费基础，他们喜欢真实的体验，反对统一化和标准化，渴望带有目的性的活动并希望深入当地人的生活。爱彼迎赋予人们交流机会、冒险精神，产品独特且价格低廉，这些毋庸置疑。社会媒体和这一代人的成长环境让他们相信任何人都能很快成为"朋友"，因此他们也对瞬间亲密感习以为常。对于他们而言，使用同样平台在别人家预订一间房不足为奇。

在那些非千禧一代人群中，爱彼迎受到关注也有其具体原因，即在今天这个复杂的世界里，人际交往普遍渐渐减少。社会上，人们日渐彼此疏远，被迫关进孤独的箱子里——宽大的郊区住所、每天上下班的私家车或者越来越多的人沉迷的智能手机。深入地讲，正如塞巴斯蒂安·荣格在其著作《部落》（*Tribe*）中指出的那样，我们生活在人类历史上第一个现代社会，人们独自居住在公寓里，孩子们有自己的卧室。这些年来，社会机构里人们之间的信任逐渐减少，同时受到大萧条影响，从商界到政界，人们越来越青睐"边缘化"的观点（以伯尼·桑德斯和美国总统唐纳德·特朗普为例）。由于担忧地缘政治风险和出乎意料的不幸会降临世界，我们内心渴望与人交往。无论你如何看待"归属感"，以上因素的确驱使人们更愿意尝试这种新奇而划算的旅游体验。爱彼迎一下子触及了许多不同方面，因此很难想象在其他时候它能如此腾飞发展。

尽管整个故事有点疯狂奇特，三位创始人也有了种种经历，但他们并不是要缅怀过去。"谁有时间做这些事？"当我提及这个问题时，杰比亚回答道。切斯基也少有时间反思，只清楚地记得自己创业后他父母第一次来位于旧金山劳什街的公寓看望他时，才明白他们的儿子津津乐道的真是一家公司，桌边围着许多椅子。切斯基的父亲一直不相信这是一个好理念，目睹后才知道他们真的在创业。"那是一个相当令人感动的时刻。"切斯基回忆道，他将这一幕讲给爱彼迎的一批新员工听。

如今，有太多事需要处理。三位创始人适应了各自的新角色，为围绕公司主旨的下一段激情旅程做好了准备。他们已开始学会接受财富积累带来的巨大责任（据说每位创始人身价33亿美元）。他们已加入亿万富翁的名流群体，签署了"捐赠誓言"。这一活动由沃伦·巴菲特以及比尔·盖茨和梅琳达·盖茨夫妇发起，旨在号召亿万富翁将毕生大部分财富捐赠出去。除了接受公司的新任务外，柏思齐还多了一份责任，他已为人父，他的孩子已开始蹒跚学步。杰比亚除了启动萨马拉和实验室的项目外，还花了大量时间参与解决全球难民危机事务，包括给希腊和塞尔维亚的救援人员提供住宿，在约旦发起一项"生计"计划，帮助难民营里的难民赚点收入，这些收入主要来源于担当导游和为前来约旦的旅行者提供其他"当地体验活动"。2016年秋，杰比亚加入民间领导组织——包括乔治以及阿迈勒·克鲁尼夫妇——参与奥巴马总统的圆桌会谈，商讨解决危机的措施（杰比亚偶尔仍会收到订购由他设计的坐垫的订单，这时他便会走到车库，拉开捆包带，仔细装箱后寄出）。

近年来，切斯基说自己已学会后退一步，寻求更多平衡。这大部分源于他和艾丽莎·帕特尔之间的关系，他们已经恋爱四年。两人于 2013 年在 Tinder 上相遇，由于 iMessage 出了点故障，两人的首次约会泡汤了。他说女友让自己改变了一些习惯，例如回复电子邮件的强迫症（她告诉切斯基，他处理电子邮件的习惯与狗想吃狗粮的方式类似。"她告诉我，'如果你愿意就把整袋吃光'。"切斯基说）。

切斯基、杰比亚和柏思齐全都意识到他们克服重重困难后才取得了成功。切斯基一开始就告诉我："我们不是空想家，我们是普通人，我们的想法并不疯狂。"

确实如此，但不是任何三个普通小伙子都能获得如此骄人的成绩。"我们有天分和勇气。"切斯基说。但他认为他们最大的优点在于当时涉世未深。他感叹道："我认为如果我们当时有更好的选择，也许就不会创业，因为事后看来，一切都必须进展顺利，而这仅有百万分之一的概率。假设我们能再来一次，很难想象是否还会这样一帆风顺。"

后 记
让用户不仅热爱产品，更彼此热爱

切斯基还未登台，洛杉矶市中心的奥芬剧院就已挤满了人。他站在最前面，后面跟着约2000位房东、房客、新闻媒体记者和爱彼迎员工。为了营造氛围，按照预先安排，他和听众一起走过公司的大展场。这里列有500种可预订的全新体验项目，包括滑稽舞蹈、天体摄影、韩国刺绣等，全部由当地人操办。切斯基还透露了一整套花哨的计划：当地聚会、餐厅预订、当地喜好推荐（如洛杉矶人喜欢无麸质食品）以及一系列边走边听活动。他调侃道，不久后公司还将提供租车、附加服务甚至航班服务。公司将推出新的体验平台，房屋租赁仅是其中一项业务。"我们现在做的一切，以及我们将要做的一切都是因人们的需求而驱动的。"他说。

听众起身一片欢呼，他们是最忠实的爱彼迎用户。专程前来洛杉矶的房东中有人曾接待过74.5万位房客。在接下来的三天里，他们尽情感受着爱彼迎的公司文化。他们听到首席营销官乔纳森·米尔登霍尔宣布要建立"世界上第一个超级用户品牌"。他们了解了公司的社会公益活动，领悟了室内设计的精髓，并在 Dashboard & Insights 酒吧和数据科学团队亲密交谈。Bélo 颁奖期间，英国著名喜剧演员詹姆斯·柯登充分展现了其搞笑本领，故意拿爱彼迎的理念大做文章，奚落听众偷偷入住酒店，戏称他曾发现三位创始人将前排座位租出去以赚取更多的现金。当天晚上，出人意料的是，Lady Gaga 也前来助阵演出。

然而，举行这些庆祝活动期间，公司仍面临一股暗流的挑战。爱彼迎全球公共政策和通信主管克里斯·勒汉在会上汇报说，2016 年爱彼迎用户已经建立了 100 多个房屋共享俱乐部，向当选的政府官员发送了 35 万封电子邮件。他的发言结束后，一些房东排队等候麦克风，并问了一些亟待解决的问题："为什么纽约出台了'严苛的法规'？公司打算如何应对？更重要的是，公司是否有能力解决问题？"一位来自达拉斯的超级房东问道："如果监管机构最关注派对房问题，我们如何与邻居友好相处？"

活动的最后一天，当地 Unite Here Hotel 酒店的工会成员上街大声抗议，发泄怒气。他们从南百老汇大道开始游行，挥动标语，用力击鼓吹号，用扩音器疾呼。那时，切斯基和阿什顿·库彻围坐在炉边闲谈，一位抗议者突然冲进活动现场，直奔台上，谴责公司发布位于约旦河西岸以色列定居点的房源信息。（库彻立即起身，用友善的言语安抚这位抗议者，然后为爱彼迎辩解，做了一番慷慨激昂的发言:"如果我们相互共享房屋,就能相互了解、和平相处,融合成一个不受国界约束的整体!"他发言时人群再次站起来表示支持。"爱彼迎就是要让人们联合起来彼此相亲相爱!")

不过大部分参会者并未注意到这一插曲。最后一天的结束议程是和爱彼迎创始人交流提问。他们刚刚完成了新平台推介的艰巨任务,终于能够松一口气,甚至略加回顾一下公司的早期历程。切斯基和杰比亚回忆起柏思齐当时经常不断地质疑他们的理念,甚至因此而恼怒。他们讲述了一天晚上一起集思广益,准备募集投资的陈述材料,当时预计三年后他们的收入会达到2亿美元。柏思齐却告诉他们这有点荒唐可笑,投资者会一眼看穿问题,切斯基和杰比亚同意改成2000万美元。但是第二天,陈述计划时幻灯片里显示的金额是25亿美元。("我真希望当时我们拍下了柏思齐的表情,他和我们一起坐在副主席眼前,指出市场规模是20亿美元。"杰比亚说。随后柏思齐只好辩解说幻灯片里的数据不是指市场规模,而是公司的收入:"这两者之间有巨大差异。")

在公司步入未来的时刻回顾一下过去弥足珍贵。过去一直扎根在公司,随着爱彼迎日趋壮大,新奇独特的初始理念——让陌生人入住别人的家——仍然是公司的本源。这一点也反映在台上的对话里。杰比亚曾经告诉过听众:"早期的尝试者必须勇敢向前,这意味着人们会认为你离奇怪诞。"他指出最初发明汽车时，监管机构要求车辆一个小时行驶 4 英里，甚至叉子也曾被视作"恶魔的工具"。勒汉还将人们对爱彼迎的排斥与 19 世纪晚期人们抵制街道电灯相提并论。

一个颠覆革新企业的发展轨迹相当有趣，值得研究。爱彼迎是最大的拥有独立技术的企业之一，在其跨越式的发展进程中得到了许多企业界大腕的支持。然而，在许多方面它还是一家处于边缘的反正统文化企业，仍然需要努力获取大家的认可。

时间会证明新兴的爱彼迎业务能否成功。房东大会后，一切又会回归平常，比如公司需要研究到底如何应对纽约市严苛的法规。

顺利渡过难关需要大胆的想法和做出大幅度的调整。当然，随着公司的发展壮大，遇到的阻力和风险也会倍增。正如杰比亚在发言中所说的那样，没有公司未来发展的"蓝图"。"对于全球租赁市场，我们正在规划新的领域。"他说。9 年过去了，伴随着各种机会以及随之产生的结果，爱彼迎的确仍在不断努力。因此，虽说公司的发展历程异彩纷呈、纷繁复杂，既收获过成功，也遇到过重重困难，但爱彼迎的故事才刚刚开始。

致　谢

在众人的帮助下,这本书很快付梓出版。写书的过程中,我尤其要感谢两个人。第一位是霍顿·米夫林·哈考特出版社的编辑里克·沃尔夫。感谢他对出版这本书给予的热忱和耐心,以及他的远见卓识和精明才干。第二位是《财富》杂志的编辑兼时代华纳集团的首席内容主任艾伦·默里。即便《财富》杂志事务繁多,他仍慷慨地同意让我腾出时间写这本书。艾伦泰然处之的态度表明他支持故事类写作,对此我深表感激。

我一直认为爱彼迎的故事值得讲述,也特别感谢布莱恩·切斯基信任我写这本书,让我深入了解他创办的公司。我同样感谢乔·杰比亚和柏思齐分享他们的看法。我最感谢吉姆·鲁本和玛吉·卡尔。吉姆从我开始写作起就一直支持我,并迅速地予以发表。玛吉则镇定地指导我整理出成堆的提问,并完成了数十场访谈。我还要感谢参与访谈的爱彼迎对外沟通团队、管理人员和员工（也感谢爱彼迎公司和乔纳森·曼恩，他允许我使用 Obama O's 的广告曲的歌词）。

感谢三叉戟媒体集团的梅利莎·弗莱什曼给予我的鼓励和专业指导，感谢卢·科曼的高明见解。感谢霍顿·米夫林·哈考特出版社的团队，他们才华横溢，乐于助人，这些编辑分别是：罗兹玛丽·麦吉尼斯、黛比·恩格尔、埃米莉·安德鲁凯提斯、罗兰·伊森伯格和梅甘·威尔逊。感谢雷恰尔·德沙罗、凯莉·迪博·斯梅达和塔米·赞博的体谅和耐心。还要特别感谢维珍出版社的杰米·约瑟夫给予本书的密切关注。

感谢尼科尔·帕苏卡对本书的宣传报道，并在极其有限的时间里认真审核本书的内容，将本书视为己出。非常感谢 High Water Press 出版社的布莱恩·杜梅因和汉克·吉尔曼高效的浏览和编辑工作，以及乔纳森·周和特雷西·扎·马莱耶夫的研究工作。特别感谢玛丽·沙因为我安排好一切。

感谢克里夫顿·利夫和我在《财富》杂志社的同事，他们在我写书期间帮我处理日常事务。特别是梅森·科恩和临危不乱的梅甘·阿诺德，在他们的帮助下，《财富在线》栏目仍持续热播（三位主持人也帮了大忙，他们是安德鲁·努斯卡、艾伦·塔斯克和安妮·范德米）。还有一些人为我承担了评选"最有影响力女强人"的工作，他们是：帕蒂·塞勒斯、尼娜·伊斯顿、詹妮弗·莱因格得尔、莉萨·克卢卡斯、伊丽莎白·比斯、米夏尔·莱夫兰、贝特·科维特、莱纳·朗、克里斯滕、贝尔斯特伦和瓦莲京娜·扎里亚。其中，莱纳也负责了评选"40岁以下40位商界精英"的工作。此外，我要感谢《财富》杂志的同事，包括亚当·拉什斯凯、布莱恩·奥基夫、尼克·瓦尔沙韦、玛特·海默、埃林·格里菲特、基亚·科卡利奇瓦、斯科特·德卡罗、迈克尔·乔斯洛夫、凯利·钱皮恩和凯里·希卡。

一直以来，许多人都曾给予我帮助或指导：贝瑟尼·麦克莱恩、多丽丝·布尔克、约翰·布罗迭、彼得·卡夫卡、达恩·普里马克、乔安妮·戈登、凯特·凯利、萨拉·埃里森、拉娜·福鲁哈尔、查尔斯·杜希格、艾莉森·布劳尔、劳拉·布朗斯坦、托德·舒斯特、里姆翰·戴伊、达恩·罗伯茨、德布·罗特、戴维森·戈尔丹、贝罗纳·卡特、爱丽丝·马歇尔、伊琳娜·韦尔夫利和阿普利尔·罗伯茨。也有许多人乐于分享他们的观点和看法：阿伦·桑德拉拉贾、贾森·克兰皮特、比尔·海尔斯、杰西·亨普尔、威尔·西尔弗曼、亚娜·里奇、司各特·沙特福德、杰米·莱恩、马里亚姆·伯尼卡姆、希拉·赖尔登、凯瑟琳·奥尼尔、拉伊纳·瓦伦斯、凯瑟琳·马埃尔和贝瑟尼·朗普兰德。我也要感谢以下这些了解爱彼迎并提供了许多信息的人：马克·安德森、里德·霍夫曼、林君睿、杰夫·乔丹、保罗·格雷厄姆、迈克·赛贝尔、凯文·哈茨、山姆·安格斯、格雷格·麦卡杜。诚挚感谢尼尔·卡尔森和艾琳·卡尼以及他们的布鲁克林创意联盟，他们为我提供了启发灵感和惬意舒适的写作环境。

最后，我要感谢我的家人：克赖特尔全家，特别是吉尔、诺亚和阿瓦，他们谅解我经常不在家；泽比和安娜一直期待本书出版。还要感谢德鲁和阿德里安娜来自远方的鼓励，以及杰克和洛基·加拉格尔激励人心的录像和聪明伶俐的模样。感谢我的父母——杰克和琼·加拉格尔一如既往地支持我，以及整个加拉格尔和佩利佐托家族，尤其是卡尔和达里尔。我非常感谢吉尔和我交流讨论，给予我支持，用 Blue Apron 送来的食材为我烹饪正餐和烹煮浓郁的咖啡。我亏欠你一次美妙的度假之旅，是入住高级酒店，还是爱彼迎的树屋？由你决定。